Monteiro
LOBATO

O MACACO QUE
SE FEZ HOMEM

© Editora Globo, 2008
© Monteiro Lobato
sob licença da Monteiro Lobato Licenciamentos, 2008

Todos os direitos reservados.

Nenhuma parte desta obra pode ser apropriada e estocada em sistema de banco de dados ou processo similar, em qualquer forma ou meio, seja eletrônico, de fotocópia, gravação etc. sem a permissão dos detentores dos *copyrights*.

Edição: Arlete Alonso (coordenação), Cecília Bassarani e Luciane Ortiz de Castro
Edição de arte: Adriana Bertolla Silveira

Consultoria e pesquisa: Marcia Camargos e Vladimir Sacchetta
Preparação de texto: Página Ímpar
Revisão: Margô Negro e Márcio Guimarães de Araújo
Produção editorial: 2 Estúdio Gráfico
Direção de arte: Adriana Lins e Guto Lins / Manifesto Design
Projeto gráfico: Manifesto Design
Designer assistente: Nando Arruda
Editoração eletrônica: Susan Johnson

Créditos das imagens: Acervo Cia. da Memória (página 15); Arquivo Família Monteiro Lobato (página 6); Biblioteca Guita e José Mindlin (página 12); Biblioteca Monteiro Lobato, São Paulo (página 10)

Dados Internacionais de Catalogação na Publicação (CIP)
(Câmara Brasileira do Livro, SP, Brasil)

Lobato, Monteiro, 1882-1948.
O Macaco que se fez homem / Monteiro Lobato. — São Paulo : Globo, 2008.

Bibliografia.
ISBN 978-85-250-4469-3

1. Contos brasileiros I. Título.

08-01226   CDD-869.93

Índices para catálogo sistemático:
1. Contos : Literatura brasileira 869.93

1ª edição, 1ª impressão

Editora Globo S.A.
Av. Jaguaré, 1.485 – Jaguaré
São Paulo – SP – 05346-902 – Brasil
www.editoraglobo.com.br
monteirolobato@edglobo.com.br

SUMÁRIO

- 6   Monteiro Lobato
- 9   Obra adulta
- 10 O surto do *Homo sapiens*
- 18 Era no Paraíso...
- 32 A nuvem de gafanhotos
- 46 Tragédia de um capão de pintos
- 58 Duas cavalgaduras
- 68 Um homem honesto
- 80 O bom marido
- 92 O rapto
- 102 Marabá
- 118 Fatia de vida
- 126 A morte do Camicego
- 132 Bibliografia

Monteiro Lobato

Monteiro Lobato por J.U. Campos

Homem *de múltiplas facetas, José Bento Monteiro Lobato passou a vida engajado em campanhas para colocar o país no caminho da modernidade. Nascido em Taubaté, interior paulista, no ano de 1882, celebrizou-se como o criador do Sítio do Picapau Amarelo, mas sua atuação extrapola o universo da literatura infanto-juvenil, gênero em que foi pioneiro.*

Apesar da sua inclinação para as artes plásticas, cursou a Faculdade do Largo São Francisco por imposição do avô, o Visconde de Tremembé, mas seguiu carreira por pouco tempo. Logo trocaria o Direito pelo mundo das letras, sem deixar de lado a pintura nem a fotografia, outra de suas paixões.

Colaborador da imprensa paulista e carioca, Lobato não demoraria a suscitar polêmica com o artigo "Velha praga",publicado em 1914 em O Estado de S. Paulo. *Um protesto contra as queimadas no Vale do Paraíba, o texto seria seguido de "Urupês", no mesmo jornal, título dado também ao livro que, trazendo o Jeca Tatu, seu personagem símbolo, esgotou 30 mil exemplares entre 1918 e 1925. Seria, porém, na* Revista do Brasil, *adquirida em 1918, que ele lançaria as bases da indústria editorial no país. Aliando qualidade gráfica a uma agressiva rede de distribuição, com vendedores autônomos e consignatários, ele revoluciona o mercado livreiro. E não pára por aí. Lança, em 1920,* A menina do narizinho arrebitado, *a primeira da série de histórias que formariam gerações sucessivas de leitores. A infância ganha um sabor tropical, temperado com pitadas de folclore, cultura popular e, principalmente, muita fantasia.*

Em 1926, meses antes de partir para uma estada como adido comercial ao consulado brasileiro em Nova York, Lobato escreve O presidente negro. *Neste seu único romance, prevê através das lentes do "porviroscópio", um futuro interligado pela rede de computadores.*

De regresso dos Estados Unidos após a Revolução de 30, investe no ferro e no petróleo. Funda empresas de prospecção, mas contraria poderosos interesses multinacionais que culminam na sua prisão, em 1941. Indultado por Vargas, continuou perseguido pela ditadura do Estado Novo, que mandou apreender e queimar seus livros infantis.

Depois de um período residindo em Buenos Aires, onde chegou a fundar duas editoras, Monteiro Lobato morreu em 4 de julho de 1948, na cidade de São Paulo, aos 66 anos de idade. Deixou, como legado, o exemplo de independência intelectual e criatividade na obra que continua presente no imaginário de crianças, jovens e adultos.

OBRA ADULTA*

CONTOS
- URUPÊS
- CIDADES MORTAS
- NEGRINHA
- O MACACO QUE SE FEZ HOMEM

ROMANCE
- O PRESIDENTE NEGRO

JORNALISMO E CRÍTICA
- O SACI-PERERÊ: RESULTADO DE UM INQUÉRITO
- IDÉIAS DE JECA TATU
- A ONDA VERDE
- MR. SLANG E O BRASIL
- NA ANTEVÉSPERA
- CRÍTICAS E OUTRAS NOTAS

ESCRITOS DA JUVENTUDE
- LITERATURA DO MINARETE
- MUNDO DA LUA

CRUZADAS E CAMPANHAS
- PROBLEMA VITAL / JECA TATU / ZÉ BRASIL
- FERRO / VOTO SECRETO
- O ESCÂNDALO DO PETRÓLEO / GEORGISMO E COMUNISMO / O IMPOSTO ÚNICO

ESPARSOS
- FRAGMENTOS / OPINIÕES / MISCELÂNEA
- PREFÁCIOS E ENTREVISTAS
- CONFERÊNCIAS, ARTIGOS E CRÔNICAS

IMPRESSÕES DE VIAGEM
- AMÉRICA

CORRESPONDÊNCIA
- A BARCA DE GLEYRE - VOLUMES 1 E 2
- CARTAS ESCOLHIDAS - VOLUMES 1 E 2
- CARTAS DE AMOR

* Plano de obra da edição de 2007. A edição dos livros teve como base a publicação das Obras Completas de Monteiro Lobato da Editora Brasiliense de 1945/46.

O surto do *Homo sapiens*

O macaco que se fez homem, 1923, capa de J. Prado

"O aparecimento de um livro de Monteiro Lobato é sempre um acontecimento literário nas rodas intelectuais de todo o país", disseram os jornais no final de 1923, por ocasião do lançamento de O macaco que se fez homem. Nas Obras Completas organizadas pelo próprio Lobato em 1945 para a Editora Brasiliense, os textos deste livro foram distribuídos entre os volumes Cidades mortas e Negrinha. Agora, com sua estrutura original recuperada, fecha o conjunto dos livros de contos relançados pela Editora Globo e iniciado com Urupês.

O macaco que se fez homem reitera o traço de humor cáustico de seu autor ao lidar com os costumes brasileiros. "Conhecedor profundo do meio em que se agitam as figuras animadas pela sua pena, escreve com encantadora espontaneidade, dando o maior relevo a tudo quanto cria, empolgando o leitor pela graça e pela ironia que lhe iluminam sempre as produções de qualquer gênero literário", disseram os críticos da época.

A tendência de escrever no calor do momento, que caracterizou a produção lobatiana, fica patente na carta enviada a Godofredo Rangel em 10 de fevereiro de 1923. "Fui a Campos do Jordão com o Macedo Soares e na estação de Pinda vi um aleijado num carrinho, enérgico, ralhar com os filhos que o puxam. Senti uma coisa: aquele homem, apesar de aleijado, era o importante e rico da família, o que ganhava a subsistência de todos com as esmolas recebidas. Daí o seu tom mandão, apesar de viver sem pernas dentro do carrinho." Veio a idéia de redigir "O rapto". "Um conto formou-se em minha cabeça, e de volta despejei-o no papel, como quem despeja a bexiga."

Lobato, Purezinha e os filhos Marta, Guilherme e Ruth, 1923

O mesmo pode-se afirmar de "A nuvem de gafanhotos". Datado de 1914, quando Lobato herdou as terras de seu avô, aproxima-se da produção de Lima Barreto e traz informações interessantes sobre os problemas agrícolas dos tempos em que o jornalista-fazendeiro aprendia, a duras penas, que a modernidade não despontara no horizonte do Brasil rural.

"Todas as sátiras, quando merecem esse nome, são capítulos de psicologia. Numa caricatura resumem-se generalidades sábias. E a obra de Monteiro Lobato, uniforme na sua aparente desigualdade, nos mostra o atual momento brasileiro sob um aspecto interessantíssimo, focalizando uma galeria de almas que dão vida ao cenário em que se agitam", observou na imprensa carioca o poeta e jornalista Carlos Maul quando *O macaco que se fez homem* chegou às livrarias. "Em vez de se espraiar em considerações graves ele exibe os seus personagens, inspira-os, humaniza-os." Ressaltando a simplicidade de um autor que cria valores estéticos em vez de renovar impressões importadas "daquela influência transatlântica", Maul saúda o contista paulista saturado do sol tropical, "pontilhando as tragédias interiores de uma alegria profunda que faz sorrir e pensar simultaneamente". Este é, por exemplo, o caso de "Um homem honesto", história clássica de quem acha e devolve vultosa soma em dinheiro, com um desfecho imprevisível, bem como "Fatia de vida", considerado por alguns como um auto-retrato do autor.

Já os experimentalismos podem ser encontrados em "Duas cavalgaduras", tragicomédia carregada de intertextualizações em que Lobato se apropria de um personagem do escritor santista Ribeiro Couto, revelando seu extenso repertório literário. E se "Marabá" trilha os caminhos de um roteiro de cinema ou de desenho animado, "O bom marido" antecipa um drama amoroso rodrigueano no enredo vivido por Teósfrasto Pereira da Silva, sua mulher Belinha e uma mulata doceira.

De resto, o embrião do Sítio do Picapau Amarelo será reconhecido tanto em "A morte do Camicego" quanto na "Tragédia de um capão de pintos". No primeiro, aparecem três personagens infantis chamados Marta, Edgard e Guilherme, os mesmos nomes dos filhos de Lobato, assim como Anastácia, a babá de verdade, mais tarde transformada na Tia Nastácia. No segundo, uma alegoria pessimista sobre a humanidade com toques *à la* George Orwell, de *A revolução dos bichos,* animais falantes nos relembram Rabicó, Quindim e todos os que habitam o mundo encantado do Sítio de Dona Benta.

Romances em miniatura, "sínteses admiráveis" repletas de ironia amarga, mas piedosa, nas palavras de Carlos Maul, os contos enfeixados tiveram seu título inspirado em "Era no paraíso", parábola da evolução ao contrário, com o macaco primitivo transformando-se em ser pensante, cuja inteligência apurará aos extremos sua crueldade, astúcia e estupidez. Não é à toa que, nas linhas remetidas a Rangel em 7 de outubro de 1923, Lobato comentaria: "Estou revendo as provas de meu novo livro, *O macaco que se fez homem,* no qual reformo o Gênesis e Darwin quanto ao surto do *Homo sapiens*".

Capa da edição argentina lançada no início da década de 1930

O MACACO QUE
SE FEZ HOMEM

Era no Paraíso...
1923

serrear: aussägen
esborrilhar
engastar: einfassen
o âmago: Mark, Innere, Kern
lançar: werfen, auswerfen, entleeren
elaborar: ausarbeiten, erstellen
a revelação: Enthüllung
roer: nagen
o alicerce: Fundament, Grundlage
laver-choro: wegen Fotos
caduco, -a: ungültig; altersschwach
conquistar: erobern
estar ansioso por...: brennen auf
fugir: fliehen, ausbrechen
espojar:
a lei: das Gesetz
valer: wert sein; gelten
a rapidez: Schnelligkeit
envelhecer: alt werden, altern

Era no Paraíso

e Deus estava contente. Tinha criado a luz, as estrelas, o ar, a água e por fim criou a Vida, semeando-a sob milhares de formas por cima da terra fresquinha e nua. E esfervilhou de viventes o orbe, aqui bactéria e mastodonte, ali musgo e baobá, além craca e baleia – a suma variedade de aspectos dentro da perfeita unidade de plano.

E Deus, que achara aquilo bom, deliberou consolidar sua obra de vida *per secula seculorum* com o invento da Fome e do Amor, dois apetites tremendos engastados no âmago das criaturas à guisa de moto-contínuo da Perpetuação. E cofiando a imensa barba branca, velha como o Tempo, lançou a palavra mágica que tudo move e tudo explica:

– Comei-vos uns aos outros e nos intervalos amai!

Em seguida elaborou para regência da animalidade o Código da Sabedoria Ingênita.

Não deu esse nome ao Código, visto como, no começo, não existindo homem, não existiam nomes.

– Não existindo homens?...

Sim, o homem não estava nos planos do Criador. Esta revelação mirífica, que ainda há de roer pelos alicerces as caducas verdades oficiais (e talvez me conquiste o prêmio Nobel), está ansiosinha por me fugir da pena. Que fuja, que se espoje no espírito do leitor. Adeus, filha!...

Não era escrito esse Código. Lei escrita vale por pura invenção humana – donde a rapidez com que envelhecem os códigos humanos e as humanas leis. Escrever é fixar e fixar é matar. Perpétuo movimento, a vida é infixa. Entretanto, se o não escreveu, foi além Jeová: impregnou com ele cada uma das criaturas recém-formadas, de modo que ao nascer já viessem ricas da sabedoria infusa e agissem automaticamente de acordo com os imutáveis preceitos da lei natural.

Este saber sem aprender receberia do homem o nome de Intuição, assim como o Código Ingênito receberia o nome de Instinto. Os futuros homens se caracterizariam pelo vezo de dar nome às coisas, gozando-se da fama de sábios os que com maior entono e mais pomposamente as nomeassem. Grande doutor, o que tomasse o pulso a um doente, lhe espiasse a língua e gravibundo dissesse, tirando do nariz os óculos de ouro: *polinevrite metabólica*; e, grande mestre, o que apontasse o dedo para um grupo de estrelas e declarasse com voz firme: *constelação do Centauro*. Doença e estrelas, com ou sem nome, seguiriam o seu curso prefixo – mas nada de louvores ao médico que apenas dissesse: *doença*, ou ao mestre que humilde murmurasse: *astros*. Paga ou louvor não os teria o ignorante, isto é, o homem que não sabe nomes. Viva o nome!

Assim, inoculou Deus em todos os seres a sabedoria da vida e pô-los no orbe como notas cromáticas do *pot-pourri* sinfônico de cuja audição integral somente os seus ouvidos gozariam o privilégio.

E Deus achou que estava ótimo.

Grandes coisas tinha feito. A gravitação dos mundos era jogo de movimentos que mais tarde derrubaria o queixo a Newton – mas não passava de mecânica pura.

A concepção do éter, da luz, do calor, assombrosas invenções eram – mas mecânica fria.

O bonito fora a criação da Vida, porque, obra de arte das mais autênticas, só ela dava medida completa dos imensos recursos do alto engenho de Deus.

Quanta afinação no tumulto aparente! A bactéria às voltas com o mastodonte, o musgo em simbiose com o baobá, a craca aparasitada à baleia... Vida em vida, vida devorando vida, vida sobrepondo-se à vida, vida criando vida... O perpétuo ressoar dos uivos de cólera, berros de dor, guinchos de alegria, gemidos de gozo sonorizando o perpétuo agitar-se das formas – vôo de ave, arranque de tigre, coleio de serpe, rabanar de peixe, tocaiar de sáurio...

Tão pitoresca saiu a ópera VIDA que o Sumo Esteta a elegeu para recreio de sua Eterna Displicência. E, debruçado na amplidão, as longas barbas dispersas ao vento, o contemplativo Jeová antecipou a figura do sábio que no fundo dos laboratórios cisma sobre o microscópio.

Ora, pois, certo dia de estuporante mormaço, um casal de chimpanzés dormitava beatificamente no esgalho de enorme embaúba. Digeriam as bananas comidas e prelibavam, risonhos, as bananas da manhã seguinte.

Eram chimpanzés como os demais, sábios de sabedoria inculcada pelo Eterno, e bem-comportadinhas notas da ópera paradisíaca.

Mas Eolo suspirou no seu antro e um forte pé-de-vento deu, que vascolejou com frenesi a árvore e fez o chimpanzé macho, perdido o equilíbrio, precipitar-se de ponta-cabeça ao chão.

Seria aquilo um tombo como qualquer outro, sem conseqüências funestas, se a malícia da serpente não houvesse colocado ao pé da embaúba uma grande laje, na qual se chocou o crânio do infeliz desarvorado.

Perdeu os sentidos o macaco; e a macaca, presa de grande aflição, pulou incontinênti a socorrê-lo. Rondou-lhe em torno aos guinchos, soprou-lhe nos olhos, amimou-o, beliscou-lhe as carnes insensíveis e, por fim, convencida de que estava bem morto, deu de ombros, já com a idéia na escolha de quem lhe consolasse a viuvez.

Mas não morrera o raio do chimpanzé. Minutos depois entreabria os olhos, piscava sete vezes e levava as mãos à fronte, significando que lhe doía.

Neste comenos funga no juncal próximo um tigre. Desde o Paraíso que os tigres "adoram" os macacos, como desde o Paraíso que os macacos arrenegam dos tigres. Em virtude de tal divergência, a fungadela felina valeu por frasco de amoníaco nas ventas do contuso. Pôs-se de pé, inda tonto e, ajudado da companheira, marinhou embaúba acima, rumo ao galho de pouso, onde, a bom recato, pudesse distrair a dor de cabeça com a linda cena que é um tigre faminto à caça de bicho que não seja chimpanzé.

Desde essa desastrada queda nunca mais funcionou normalmente o cérebro do pobre macaco. Doíam-lhe os miolos, e ele queixava-se de vágados e de estranho mal-estar.

É que sofrera seriíssima lesão.

Digo isto porque sou homem e sei dar nomes aos bois; homem ignorante, porém, não vou mais longe, nem ponho nome grego à lesão. Afirmo apenas que era lesão, certo de que me entendem os meus incontáveis colegas em ignorância nomenclativa.

Lesão grave, gravíssima, e de resultados imprevisíveis à própria presciência de Jeová.

A Bíblia já tratou do assunto; de modo simbólico, entretanto, fugindo de tomar a Queda ao pé da letra. Moisés, redator do *Genesis*, tinha veleidades poéticas – mas não previra Darwin, nem a força do prêmio Nobel como áureo pai de grandes descobertas. Moisés poetizou... Fez um Adão, uma Eva, uma serpente e um pomo, que certos exegetas declaram ser a maçã e outros, a banana. Compôs assim uma peça com a mestria consciente de Edgard Poe ao carpinteirar *O corvo*, mas sem deixar, como Poe, um estudo da psicologia da composição, onde demonstrasse que fez aquilo por a + b e com bem estudada pontaria. E foi pena! Quanto papel, tinta e sangue tal esclarecimento não pouparia à humanidade, sempre rixenta na interpretação dos textos bíblicos!

Vem daí que é o *Genesis* uma peça de fina psicologia, e por igual penetrante nas cabeças duras e nas dos Pascais, permeabilíssimas; o que escasseia ao *Genesis* é acordo com a verdade dos fatos. Essa verdade, mais preciosa que o diamante Cullinan, eu a achei sob o montão de cascalho das hipóteses e sem nenhum alarde aqui a estampo de graça. Já é ser generoso! Tenho nas unhas a verdade das verdades e não requeiro do Congresso um prêmio de 50 contos! Contento-me com um apenas...

A partir da Queda, o nosso macaco entrou a mudar de gênio. Sua cabeça perdeu o frescor da antiga despreocupação e deu de elaborar uns mostrengozinhos, informes, aos quais, com alguma licença, caberia o nome de idéias.

Vacilava, ele que nunca vacilara e sempre agira com os soberbos impulsos do automatismo. Entre duas bananas pateteava na escolha tomado de incompreensíveis indecisões – e por vezes perdeu ambas, iludido por monos de bote pronto que não vacilavam nem escolhiam.

Para galgar de um ramo a outro calculava agora não só a distância como a força do salto – e errava, ele que antes da lesão nunca errara pulo.

Até em suas relações sentimentais com a velha companheira o chimpanzé variou. Ganho de malsãs curiosidades, examinava as outras macacas do bando, comparava-as à sua e cometia o pecado de desejar a macaca do próximo.

Como também claudicasse na escolha das frutas, comeu diversas impróprias à alimentação símia, daí provindo as primeiras perturbações gastrointestinais observadas na higidez do Paraíso – enterites, colites, disenteria ou o que seja.

Quando iam águias pelo céu, punha-se a contemplar os seus harmoniosos vôos, com vagos anseios nas tripas e muito desejo na alma de ser águia. Era a inveja a nascer, má cuscuta que vicejaria luxuriantemente na execrável descendência desse mono. Invejou as aves que dormiam em ninho fofo e os animais que moravam em boas tocas de pedra. Abandonou o viver em árvore, prescrito para os da sua laia pelo Código Ingênito, e deu de andar sobre a terra de pé sobre as patas traseiras, com as dianteiras – futuras mãos – ocupadas em construir ninho, como os via fazer às perdizes, ou toca, como as tem o tatu.

E sempre nervoso e inquieto, e descontente com a ordem das coisas estabelecida no Éden, imaginava mudanças e "melhoramentos". E variava e tresvariava, e malucava, arrastando consigo a pobre companheira que, sem nada compreender de tudo aquilo, em tudo o imitava passivamente, dócil e meiga.

Aconteceu o que tinha de acontecer. A admirável disciplina reinante no Éden viu-se logo perturbada pelo estranho proceder do macaco, advindo daí murmurações e por fim queixas a Jeová. E tais e tantas foram as queixas, que o Sumo, zangado com a nota desafinadora da sua música divina, ordenou ao anjo Gabriel que pusesse no olho da rua o sustenido anárquico.

Até esse ponto vai certo Moisés. Onde começa a fazer poesia é daí por diante. De fato, Jeová ordenou a expulsão do rebelde e São Gabriel deu para executá-la os primeiros passos. A curiosidade, porém, que dizem feminina mas aqui se vê que é divina, fez o Criador reconsiderar.

– Suspende, Gabriel! Estou curioso de ver até que extremos irá o desarranjo mental do meu macaco.

Era Gabriel o Sarrazani daquele jardim zoológico e, graças ao convívio com o Eterno, adquirira alguma coisa da divina presciência. Assim foi que objetou:

– Vossa Eternidade me perdoe, mas se lá deixamos o trapalhão aquilo vira em "humanidade"...

– Sei disso – retorquiu o Soberano Senhor de todas as coisas. – A lesão do cérebro do meu macaco põe-no à margem da minha Lei Natural e fa-lo-á discrepar da harmonia estabelecida. Nascerá nele uma *doença*, que seus descendentes, cheios de orgulho, chamarão inteligência – e que, ai deles!, lhes será funestíssima. Esse mal, oriundo da Queda, transmitir-se-á de pais a filhos – e crescerá sempre, e terrivelmente influirá sobre a terra, modificando-lhe a superfície de maneira muito curiosa. E, deslumbrados por ela, os homens ter-se-ão na conta de criaturas privilegiadas, entes à parte no universo, e olharão com desprezo para o restante da animalidade. E será assim até que um senhor Darwin surja e prove a verdadeira origem do *Homo sapiens*...

– ?!

– Sim. Eles nomear-se-ão *Homo sapiens* apesar do teu sorriso, Gabriel, e ter-se-ão como feitos por mim de um barro especial e à minha imagem e semelhança.

– ?!!

– Os demais chimpanzés permanecerão como eu os criei; só o ramo agora a iniciar-se com a prole do lesado é que se destina a sofrer a diferenciação mórbida, cuja resultante será cair o governo da terra nas unhas de um bicho que não previ.

– ?!!!

– Essa inteligência se caracterizará pela ânsia de ver-me através das coisas, e para que bem a compreendas, Gabriel, te direi que será como asas sem ave, luz sem sol, dedos sem pés...

Gabriel não compreendeu coisa nenhuma da longa definição de Jeová – e como sucederia o mesmo com os meus leitores, interrompo-a nos dedos sem pés. Até aí ainda a percepção é possível; mas no ponto em que Jeová lhe assinalou a essência última, nem Einstein pescaria um x...

Vendo o ar aparvalhado de Gabriel, o Criador pulou da metagênese abaixo e falou fisicamente.

– Essa inteligência apurará aos extremos a crueldade, a astúcia e a estupidez. Por meio da astúcia se farão eles engenhosos, porque o engenho não passa da astúcia aplicada à mecânica. E à força de engenho submeterão todos os outros animais, e edificarão cidades, e esfuracarão montanhas, e rasgarão istmos, destruirão florestas, captarão fluidos ambientes, domesticarão as ondas hertzianas, descobrirão os raios cósmicos, devassarão o fundo dos mares, roerão as entranhas da terra...

Gabriel estremeceu. Apavorou-o a força futura da inteligência nascente; mas Jeová sorriu, e quando Jeová sorria Gabriel serenava.

– Nada receies. Essa inteligência terá alguns atributos da minha, como o carvão os tem do diamante, mas estará para a minha como o carvão está para o diamante. A fraqueza dela provirá da sua jaça de origem. Inteligência sem memória, inteligência de chimpanzé, o homem *esquecerá* sempre. Esquecerá o que ensinei aos seus precursores peludos e esquecerá de colher a boa lição da experiência nova.

Seu engenho criará engenhosíssimas armas de alto poder destrutivo – e empolgados pelo ódio se estraçalharão uns aos outros em nome de pátrias, por meio de lutas tremendas a que chamarão guerras, vestidos macacalmente, ao som de músicas, tambores e cornetas – esquecidos de que não criei nem ódio, nem corneta, nem pátria.

E transporão mares, e perfurarão montes, e voarão pelo espaço, e rodarão sobre trilhos na vertigem louca de vencer as distâncias e chegar depressa – esquecidos de que eu não criei a pressa nem o trilho.

E viverão em guerra aberta com os animais, escravizando-os e matando-os pelo puro prazer de matar – esquecidos de que eu não criei o prazer de matar por matar.

E inventarão alfabetos e línguas numerosas, e disputarão sem tréguas sobre gramática, e quanto mais gramáticas possuírem menos se entenderão. E se entenderão de tal modo imperfeito que aclamarão o messias do entendimento geral, um doutor Zamenhoff...

— Já sei! Um que proporá a supressão das línguas.

Jeová sorriu.

— Não! Apenas o criador de mais uma. E eles elaborarão ciências e excogitarão toda a mecânica das coisas, adivinhando o átomo e o planeta invisível, e saberão tudo — menos o segredo da vida.

E um Pascal, muito cotado entre eles, dará murros na cabeça, na tortura de compreender os *xx* supremos — e os homens admirarão grandemente esses murros.

E criarão artes numerosas, e terão sumos artistas e jamais alcançarão a única arte que implantei no Éden — a arte de ser biologicamente feliz.

E organizarão o parasitismo na própria espécie, e enfeitar-se-ão de vícios e virtudes igualmente antinaturais. E inventarão o Orgulho, a Avareza, a Má-fé, a Hipocrisia, a Gula, a Luxúria, o Patriotismo, o Sentimentalismo, o Filantropismo, a Colocação dos Pronomes — esquecidos de que eu não criei nada disso e só o que eu criei é.

E em virtude de tais e tais macacalidades, a inteligência do homem não conseguirá nunca resolver nenhum dos problemas elementares da vida, em contraste com os outros seres, que os terão a todos solvidos de maneira felicíssima.

Não saberá comer; e ao lado das minhas abelhas, de tão sábio regime alimentar — sábio porque por mim prescrito —, o homem morrerá de fome ou indigestão, ou definhará achacoso em conseqüência de erros ou vícios dietéticos.

Não saberá morar — e ao lado das minhas aranhas, tão felizes na casa que lhes ensinei, habitarão ascorosas espeluncas sem luz, ou palácios.

Não resolverá o problema da vida em sociedade, e experimentará mil soluções, errando em todas. E revoluções tremendas agitarão de espaço em espaço os homens no desespero de destruir o parasitismo criado pela inteligência — e as novas formas de equilíbrio surgidas afirmar-se-ão com os mesmos vícios das velhas formas destruídas. E o homem olhará com inveja para os meus animaizinhos gregários, que são felizes porque seguem a minha lei sapientíssima.

E não solverá o problema do governo; e mais formas de governo invente, mais sofrerá sob elas – *esquecido de que não criei governo*. E criará o Estado, monstro de maxilas leoninas, por meio do qual a minoria astuta parasitará cruelmente a maioria estúpida. E a fim de manter nédio e forte esse monstro, os sábios escreverão livros, os matemáticos organizarão estatísticas, os generais armarão exércitos, os juízes erguerão cadafalsos, os estadistas estabelecerão fronteiras, os pedagogos atiçarão patriotismos, os reis deflagrarão guerras tremendas e os poetas cantarão os heróis da chacina – para que jamais a guerra cesse de ser uma permanente.

– Queres ver ao vivo, Gabriel, o que vai ser a chimpanzeização do mundo? Corre essa cortina do futuro e espia por um momento a humanidade.

Gabriel correu a cortina do futuro e espiou. E viu sobre a crosta da terra uma certa poeira movediça. Mas, ansioso de detalhes, Gabriel microscopou e distinguiu uma dolorosa caravana de chimpanzés pelados, em atropelada marcha para o desconhecido.

Miserável rebanho! Uns grandes, outros pequenos; estes louros, aqueles negríssimos – nada que recordasse a perfeição somática dos outros viventes, tão iguaizinhos dentro do tipo de cada espécie. Que feia variedade! Ao lado do Apolo, o torto, o capenga, o cambaio, o corcovado, o corcunda, o raquítico, o trôpego, o careteante, o zanaga, o zarolho, o careca, o manco, o cego, o tonto, o surdo, o espingolado, o nanico... Caricaturas móveis, com os mais grotescos disparates nas feições, era impossível apanhar-lhes de pronto o tipo-padrão. E Gabriel evocou mentalmente a linda coisa que é um desfile de abelhas ou pingüins, no qual não há um só indivíduo que destoe do padrão comum.

Da manada humana subia um rumor confuso. Gabriel desencerrou os ouvidos e pôde distinguir sons para ele inéditos: tosse, espirros, escarradelas, fungos, borborigmos, ronqueira asmática, gemidos nevrálgicos, ralhos, palavrões de insulto, blasfêmias, gargalhadas, guinchos de inveja, rilhar de dentes, bufos de cólera, gritos histéricos...

Depois observou que à frente das multidões caminhavam seres de escol, semideuses lantejoulantes, vestidos fantasiosamente, pingentados de cristaizinhos embutidos em engastes metálicos, com penas de aves na cabeça, cordões e fitas, crachás e miçangas...

– Quem são?

– Os chefes, os magnatas, os reis: os condutores de povos. Conduzem-nos... não sabem para onde.

E viu, entremeio à multidão, homens armados, tangendo o triste rebanho a golpes de espada ou vergalho. E viu uns homens de toga negra que liam papéis e davam sentenças, fazendo pendurar de forcas miseráveis criaturas, e a outras cortar a cabeça, e a outras lançar em ergástulos para o apodrecimento em vida. E viu homens a cavalo, carnavalescamente vestidos, empenachados de plumas, que arregimentavam as massas, armavam-nas e atiravam-nas umas contra as outras. E viu que depois de tremenda carnificina um grupo abandonava o campo em desordem, e outro, atolado em sangue e em carne gemebunda, cantava o triunfo num delírio orgíaco, ao som de músicas marciais. E viu que os homens de penacho organizadores das chacinas eram tidos em elevadíssima conta. Todos os aplaudiam, delirantes, e os carregavam em charolas de apoteose. E viu que a multidão caminhava sempre inquieta e em guarda, porque o irmão roubava o irmão, e o filho matava o pai, e o amigo enganava o amigo, e todos se maldiziam e se caluniavam, e se detestavam e jamais se compreendiam...

Horrorizado, Gabriel cerrou a cortina do futuro e disse ao Criador:

– Se vai ser assim, cortemos pela raiz tanto mal vindouro. Um chimpanzé a menos no Paraíso e estará evitado o desastre.

– Não! – respondeu o Criador. – Tenho um rival: o Acaso. Ele criou o homem, provocando a lesão desse macaco, e quero agora ver até a que extremos se desenvolverá essa criatura aberrante e alheia aos meus planos.

Gabriel piscou por uns momentos (quatorze vezes ao certo), desnorteado pela expressão "quero ver" jamais caída dos lábios do Senhor. Haveria porventura algo fechado, ou obscuro, à presciência divina?

E Gabriel ousou interpelar Jeová.

– Não sois, então, Senhor, a Presciência Absoluta?

Jeová franziu os sobrolhos terríveis e murmurou apenas:

– Eu Sou, e se Sou, Sou também O que se não interpela.

Gabriel encolheu-se como fulminado pelo raio e sumiu-se da presença do Eterno com pretexto de uma vista de olhos pelo Éden.

Linda tarde! O sol moribundo chapeava debruns de cobre nos gigantescos samambaiuçus, a cuja sombra dormitavam megatérios de focinhos metidos entre as patorras.

As *arqueopterix* desajeitadonas chocavam na areia seus grandes ovos.

Um urso das cavernas catava as pulgas da companheira com a minuciosa atenção dum entomologista apaixonado, e de longe vinham urros de estegossauros perseguidos por mutucões venenosos.

Ao fundo dum vale de avencas viçosas como bambus, dois labirintodontes amavam-se em silencioso e pacato idílio, não longe de um leão fulvo que comia a carne fumegante da gazela caçada.

Aves gorjeavam amores nos ramos; serpes monstruosas magnetizavam monstruosas rãs; flores carnívoras abriam a goela das corolas para a apanha de animaizinhos incautos.

Paz. Paz absoluta. Felicidade absoluta. A Vida comia a Vida e a Vida amava para que não se extinguisse a Vida – tudo rigorosamente de acordo com a senha divina.

Só Adão, o macaco lesado, discrepava, piscando os olhinhos vivos, como a ruminar certa idéia.

Gabriel parou perto dele e deixou-se ficar a observá-lo. Viu que Adão, de olhos ferrados numa toca de onça, *raciocinava*: "Ela sai e eu entro, e fecho a porta com uma pedra, e a casa fica sendo minha...".

Eva, a macaca ilesa, permanecia muda ao lado, embevecida no macho pensante. Não o compreendia – não o compreenderia nunca! –, mas admirava-o, *imitava-o* e obedecia-lhe passivamente.

Nisto, a onça deixou o antro e foi tocaiar uma veadinha.

– "Acompanhe-me!" – disse Adão à companheira, e ambos precipitaram-se para a toca da onça, cuja entrada fecharam por dentro com uma grande pedra roliça. E ficaram *donos*.

Gabriel, que acompanhara toda aquela maromba, acendeu um cigarro de papiro, baforou para o céu três fumaças e murmurou:

– Ele já é inteligência. Ela não passa de imitação. É lógico: só ele foi lesado no cérebro; mas vão ver que Eva, a instintiva, ainda acabará fingindo-se lesada...

E o primeiro difamador da mulher foi jogar sua partida de gamão com o Todo-Poderoso.

A nuvem de gafanhotos
1914

Ser empregado público de inferior categoria e por mal de pecados demissível: será isso programa que seduza alguém?

– É.

E para Pedro Venâncio mais que seduzia – sorria. Foi, pois, com enlevo de alma que recebeu a notícia de sua nomeação para fiscal da Câmara Municipalzinha de Itaoca.

– "Vou sossegar" – disse consigo, esfregando as mãos de contentamento. – "Cavei o meu osso e agora é roê-lo pela vida em fora na santa paz do Senhor."

E ferrou o dente no ossinho.

Mas acontece que há osso e osso. Osso de bom tutano e osso pedra-pomes. No andar dos tempos verificou Venâncio que o tal ossinho era desses que embotam os dentes sem dar o mínimo de suco.

Gastar a vida inteira naquilo? É ser tolo, cochichou-lhe a humana ambição de melhoria, engenhosa fada a quem se devem todos os progressos do mundo. Assim espicaçado, entrou Venâncio a fariscar tutanos. Recorreu antes de mais nada à loteria, pois que é a Sorte Grande o supremo engodo dos pés-rapados. Venham gasparinhos! Todas as semanas adquiria um – e sonhava. O mesmo vendeiro que lhe fornecia aos sábados a semanal quarta de feijão, os semanais oito litros de arroz e o semanal cento de cigarros, juntava na conta mil-réis de sonhos. E Venâncio, comido o feijão, fumado o cigarro, sonhava. Sonhava o doce beijo da Fortuna, boa deusa que o despegaria do atoleiro com um simples toque de sua asa potente.

Em matéria de cultura não era Venâncio de todo cru. Lia suas coisas e tinha lá suas idéias. Revelara desde cedo grande embocadura para a lavoura e documentava o pendor assinando quanta publicação oficial existe. Publicações gratuitas...

Assim, nas palestras da farmácia ninguém piava sobre lavoura sem que ele pulasse no meio com a sua colher torta. E era de ver o calor da sua argumentação e a riqueza das suas citações estatísticas.

Fazendeiro que nesses momentos passasse havia que parar e abrir bem aberta a boca. Venâncio possuía planos grandiosos para salvar o café e pô-lo aí a 40 mil-réis a arroba...

– 40 mil-réis, Venâncio? Não acha meio muito?

Venâncio incendiava-se.

– Por que muito? Não somos os maiores produtores? Não temos o quase privilégio dessa cultura? Se é assim, o lógico é que imponhamos o preço. Eu disse quarenta, não foi? Pois digo agora 45! Digo cinqüenta!

– !!!

– Não se espantem. Eu provo que pode ser assim e que os americanos têm que gemer ali no dolarzinho, queiram ou não queiram!

– !!!

– Quei-ram ou não quei-ram! – reafirmava o salvador, escandindo as palavras.

E provava.

Também extinguia em menos de um ano a lagarta-rosada, mais o curuquerê; e triplicava a corrente imigratória; e extraía o azoto do ar, pondo o adubo ao alcance de todos, a 100 réis o quilo, talvez mesmo a setenta.

– Porque, como os senhores sabem, a química agrícola demonstra que...

E demonstrava.

Num desses rompantes demonstrativos o coronel da terra, de passagem pela rua, deteve-se a ouvi-lo e, finda a tirada, disse-lhe à queima-roupa:

– Que excelente ministro da Agricultura não daria você! Duvido que os Calmons e os Bezerras[1] entendam mais de lavoura...

– Está caçoando, coronel! – murmurou Venâncio com modéstia, embora no íntimo convencido da justiça da apreciação.

– Falo sério. Bem sabe que não brinco.

Os circunstantes sorriram discretamente, enquanto o massa-de-ministro se lambia todo, como boi feliz.

Em casa repetiu à esposa a opinião do chefe político.

– Brincadeira dele, Pedro! – objetou a sensatíssima consorte. – Não está vendo?

– Brincadeira nada! O coronel é homem que não brinca, você bem sabe...

Desde esse dia, imaginariamente, Venâncio transformou-se num maravilhoso ministro da Agricultura. Plantou-se de armas e bagagens no casarão da Praia Vermelha e com raro tino administrativo salvou o país. Que eficácia de medidas! Que sábias leis protetoras! Que maravilhosos resultados! Lagarta nos algodoais? Nem umazinha para remédio! Curuquerê? Nem sombra! O café trepou à casa dos quarenta...

– Por arroba?

– Por dez quilos, homem!

E, firmíssimo, revelava tendências para alta ainda maior. Os mais pessimistas já concediam que não era de admirar fosse a cinqüenta.

A borracha do Norte arrancou-se ao marasmo em que emperrava e voltou a ser um Pactolo de esterlinas.

Azoto andava por aí aos pontapés, como um trambolho.

E na cabeça de Venâncio os sonhos lotéricos desapareceram trocados pelos sonhos administrativos, muito mais amplos e de muito maior alcance patriótico.

A conseqüência foi que Venâncio se eternizou no Ministério. Vários presidentes se sucederam sem que nenhum ousasse tocar em sua pasta. Era sagrado aquele ministro de gênio, que salvara o país, enriquecera a lavoura, desafogara o comércio, consolidara a indústria e que, adorado pela nação, teria estátua em vida.

[1] *José Rufino Bezerra Cavalcanti, Ministro da Agricultura de 1915 a 1917, e Miguel Calmon du Pin e Almeida, Ministro da Agricultura de 1922 a 1926.*

Que teria? Que teve! Por mais que em sua infinita modéstia o grande ministro recusasse tal homenagem, a gratidão nacional teimou em glorificá-lo no bronze.

Inesquecível a manhã em que Venâncio, de lágrimas nos olhos, viu rasgarem-se os véus do seu monumento.

AO SALVADOR DA PÁTRIA,
O POVO AGRADECIDO.

Agradecido ou enriquecido? A turvação dos olhos não lhe permitiu distinguir a expressão exata – e por longo tempo semelhante dúvida o torturou.

Mas a grande recompensa teve-a ele em casa, ouvindo à esposa estas deliciosas palavras:

– Agora, sim, Venâncio, acredito que você é mesmo o que dizia. Até estátua!...

A boa senhora só se convencia com provas de bronze...

O doloroso, porém, era o contraste das duas vidas – ministro por dentro e fiscal da Câmara por fora, obrigado a interromper a matutação de um projeto salvador da pátria para ir, de bonezinho na cabeça, cercar na rua carros de boi não aferidos...

Um ano se passou assim, no qual os gasparinhos falharam lamentavelmente. O mesmo dinheiro; zero, zero, zero; o mesmo dinheiro; zero, zero. Os seus rapapés à Sorte Grande recebiam da grande cortesã apenas esta magra resposta. Tábuas sobre tábuas; carranca amarrada sempre e jamais o sorrisozinho de uma "aproximação" para consolo.

Mas um dia...

Nesse dia Venâncio disputava com a esposa, que pedia dinheiro para umas compras.

– Estamos com a louça reduzida a cacos. Xícara de chá, duas e desbeiçadas. De café, três e sem asas. Ontem, quando aquele cacetão do Freitas esteve aqui, fui obrigada a pedir emprestada uma xícara da vizinha. Veja que vergonha...

Venâncio relutou.

– Mas por que é que quebram a louça? O ano passado, lembro-me, eu mesmo comprei meia dúzia de cada.

Dona Fortunata pôs as mãos na cintura.

– Por que quebram? A pergunta é bem idiotazinha... A louça quebra-se porque é quebrável. Se fosse inquebrável não se quebraria. Parece incrível que um homem já indicado para ministro...

– Não admito ironias! Quer louça? Compre com o dote que trouxe...

– Já esperava por essa resposta. Está mesmo uma resposta de ministro... do coronel – concluiu dona Fortunata venenosamente.

Venâncio, engasgado de cólera, ia replicar, quando a porta da sala se abriu e o vendeiro irrompeu como um pé-de-vento:

– Deixe ver o seu bilhete! Se é o 3743, deu a tacada!

O improviso do lance transformou em estupor a cólera de Venâncio, que entrou a piscar, numa tonteira, como quem leva porretada no crânio.

– Quê? Que há? – tartamudeava ele.

O vendeiro bateu o pé, impaciente.

– O bilhete, homem! Deixe ver o seu bilhete, homem de Deus! Parece estuporado...

Custou a Venâncio encontrar na papelada agrícola que lhe enchia os bolsos o raio do bilhete. Suas mãos tremiam e o cérebro andava-lhe à roda.

Por fim achou-o.

Era o 3743.

Pegara os 20 contos.

Estas revoluções operadas pela sorte em cérebros venancinos não há aí quem as conte. É banho de ópio, é fumarada de haxixe, é gole de cocaína, é bebedeira que rompe toda a velha cristalização dos miolos. A ebriez do ouro vale pela soma da essência última de todas as mais ebriedades. Só ela abre a gaiola a "todos" os sonhos e põe o homem leve, com pequeninas asas em cada célula do corpo.

No caso do Venâncio, porém, não houve muita vacilação. Sua diretriz estava traçada pelo insopitável pendor agrícola.

Uma fazenda, uma grande fazenda, a melhor fazenda do município – a fazenda-modelo da zona. Da zona? Do país, por que não? E depois – quem sabe? – o Ministério, desta vez de verdade. O mundo dá tantas voltas...

E faria isto mais aquilo, e mais isto e mais aquilo. Meu Deus! Como a fazenda se foi aperfeiçoando, e a que requintes de primor atingiu! Legiões de curiosos vinham de longe visitá-la, e pasmavam. A fama corria, os jornais estudavam-na em artigos longos. Por fim o governo, impressionado com a voz pública, mandava examiná-la e propunha-lhe compra. Era forçoso que pertencesse ao patrimônio da nação uma coisa daquelas para que todos pudessem aprender na maravilhosa escola as palavras últimas do aperfeiçoamento agrícola.

Mas, vendê-la? A um particular, nunca! À nação, sim, coagido pelo patriotismo. Isso mesmo, porém, sob uma condição! Oh, sim, uma condição *sine qua non*: darem-lhe a pasta da Agricultura...

— Porque eu, senhores, farei do Brasil inteiro o mimo que fiz da minha fazenda. Um vergel florido! A nova Califórnia! O paraíso terreal!...

O governo chorava de emoção e dava-lhe a pasta, sob as aclamações do povo agradecido...

Infelizmente, os 20 contos não eram elásticos e Venâncio teve que arrepiar da vertigem megalomaníaca e adquirir um pequeno sítio aí de 30 contos de réis. Deu quinze à vista e ficou a dever quinze sob hipoteca.

Sítio velho, de terras cansadas; mas isso mesmo queria ele, para estrondosa demonstração do axioma tantas vezes berrado na botica:

— Não há terras más, há más cabeças. Com a química agrícola na mão esquerda e o arado na direita, eu faço o Saara produzir milho de pipoca!

— Mas, Venâncio...

— Não há "mas", há "más"; más cabeças, já disse. De pipoca!

Tinha agora de provar o asserto.

Começou mudando o nome antigo – Sítio do Embirussu – por este muito mais adiantado – Granja-Modelo de Pomona.

Apesar do lindo nome, o sítio permaneceu a pinóia que sempre fora. Barba-de-bode, guanxuma, saúva, cupins, joveva, geadas – todos os mimos da brasileiríssima deusa Praga.

Em compensação, no tocante ao pitoresco poucos haveria mais bem-arranjados. Tudo velho e musgoso e carcomido, como o quer a estética. Vate de cabeleira que ali caísse desentranhava-se logo em sonetos do mais repassado bucolismo; e o pintor de paisagens encontrava quadrinhos já feitos, encantadores, que era um gosto trasladar para a tela.

As paineiras laterais à casa faziam em setembro o enlevo dos colibris e das abelhas – mas a paina produzida mal dava para encher um travesseiro.

O pomar, velhíssimo, lembrava um ninho de faunos tocadores de avena; laranjeiras de 50 anos, pitangueiras altíssimas, ameixeiras musgosas, jabuticabeiras, romeiras – o que há de virgiliano e romântico e sombrio e parasitado. Renda, porém, zero.

Tudo mais pelo mesmo teor.

Venâncio mediu com os olhos penetrantes a grandeza da sua tarefa e sorriu. Tinha tanta convicção de transmutar aquele bucolismo em fonte de lucros...

Começou pelas aves. Em vez daquele sórdido restolho de galinhame da terra, sem sangue de *pedigree*, venham Leghorns para ovos e Orpingtons para carne. Imbecil o fazendeiro que não adota as belas raças americanas!

A mesma coisa com os porcos. Nada de canastrões ou tatuzinhos, tardios ou degenerados. Venham o Yorkshire, o Duroc-Jersey!

E venham mudas de boas árvores frutíferas, caquis, ameixas-do-japão, damascos, maçãs, peras, tudo isto com explicações ao eterno nariz torcido da esposa:

– Porque você vê, Fortunata, dá o mesmo trabalho e vale cinco vezes mais. Um ovo de Orpington, por exemplo: quanto vale no Rio? 2 mil-réis; mais que uma dúzia de ovos crioulos!

E venham sementes de capim-de-rodes para as pastagens.

E venha um aradinho de disco, e agora uma semeadeira, e uma carpideira, e uma grade...

E venha isto e mais aquilo – e as novidades vinham vindo e os 5 contos iam indo muito mais depressa do que ele o imaginou.

Tudo isso não seria nada se não viesse também uma coisa bem fora dos cálculos de Venâncio: visitas.

Um belo dia o correio trouxe uma carta do Rio: "... e soubemos que V. está de maré, empacotado pela sorte grande (200 ou 500?) e já montado em linda fazenda. E como andamos todos aqui muito amarelos, e a Bibi necessitada, a conselho médico, de ares de campo, lembramo-nos de passar uns dias aí, se o caro parente não levar isso a mal...".
– "Caro parente?!"...
Venâncio releu a missiva.
– Quem será este novo parente, Ladislau Teixeira?
Consultou a mulher. Dona Fortunata refranziu a testa.
– Vai ver que é aquele filho da Carola...
– ??
– ... que casou por lá com uma tipa de beiço rachado...
– Ahn!...
– ... e esteve uma vez em Itaoca um ano atrás.
– Em casa do Estevinho, sei...
– Isso. Um tal Lalau.
– Sei, sei... Mas que diabo de parentesco tem ele comigo? Só se por parte de Adão e Eva...
– Você já reparou, Venâncio, quantos parentes estão aparecendo agora?
– É verdade. Com este, cinco. E amigos, então? Nunca imaginei que os possuísse tantos...

Venâncio respondeu que a casa, casa de pobres, estava às ordens; que viessem.
Vieram. Quinze dias depois um trole despejava no terreno um senhor de meia-idade, sua esposa Filoca, três filhas empalamadas, Bibi, Babá, Bubu, e mais uma preta mucama. Venâncio reconheceu-os vagamente, mas por delicadeza fingiu intimidade.
– Bem-vindos sejam à casa do parente pobre!
Lalau abraçou-o carinhosamente.
– Não diga isso! Você é hoje a glória da família. Recebeu a recompensa que merecia. Quantas vezes eu não disse à Filoca: aquele nosso parente vai longe, porque quem planta colhe. Não é verdade, Filoca?
Dona Filoca sibilou através do beiço rachado uma confirmação plena:

– É sim! Nós nunca duvidamos do futuro do "primo" Venâncio.

Venâncio ficou sabendo que eram primos...

Nisto um novo trole assomou à porteira. Lalau explicou:

– Ia-me esquecendo... Vieram conosco umas vizinhas, moças muito boazinhas, as Seixas. Não te avisei na carta porque foi coisa de última hora. Devem ser parentas de dona Fortunata, ao que me disseram...

Venâncio interrogou furtivamente a esposa com o olhar e esta respondeu-lhe com um imperceptível movimento de beiço.

Apearam do segundo trole três moças e uma negrinha. Lalau apresentou-as.

– Dona Fafá, dona Fifi, dona Fufu.

As moças abraçaram os fazendeiros com grande cordialidade e abriram-se em louvores às belezas bucólicas.

– Veja, Fifi, que coisa estupenda esta paineira!

– Nem diga! E aquele maravilhoso beija-flor? Que belezinha! Como ficaria bem no meu chapéu azul...

E Babá para Venâncio:

– Que ar, primo! Que pureza de ar! A vida aqui deve ser um encanto. E que apetite dá! Eu, que não como nada, seria capaz de devorar um leitão inteiro hoje!

A Bibi conversava com a "prima" Fortunata:

– Leite há muito, já sei. Fazenda quer dizer fartura. Lá na capital o leite é água de polvilho, e caríssimo! É como os ovos: pela hora da morte e metade chocos. Sua galinhada, quantas dúzias põe por dia?

E a Fifi para a Bubu:

– Pesei-me antes de vir: 49 quilos, veja que miséria! Mas daqui não saio sem alcançar 58! Ah, não saio! O meu peso normal deve ser este, diz o médico.

Dona Fortunata atendia a todos, sorrindo amavelmente, enquanto Lalau, já no pomar, investia contra as laranjas com fúria de "retirante".

– A minha conta, quando me pilho num pomar, são três dúzias. Pélo-me por laranjas!

Venâncio, armando cara alegre, dizia-lhe que era chupar, chupar...

Mas lá consigo pensava que naquela toada não venderia aquele ano uma dúzia sequer. Só o Lalau daria cabo da safra inteira em quinze dias...

À decima quinta laranja Lalau parou, entupido.

– Estou por aqui! – grugulejou, riscando no pescoço o nível do caldo.

E, confidencial, ao ouvido do primo:

– Agora, que ninguém nos ouve, diga lá a verdade: 200 ou 500 contos?

Venâncio não teve ânimo de pronunciar a palavra vinte. Também não quis mentir, e marombou:

– Não chega lá. Tirei apenas uns cobrinhos...

O primo cutucou-lhe a barriga:

– Está escondendo o leite? Faz muito bem, que isso de arrotar grandeza é transformar-se em "fruteira": todo mundo pega a aproveitar-se.

E dando-lhe o braço:

– Conselho de velho: defenda os arames, enforque a cobreira! Do contrário, começam a aparecer amigos e parentes que não acabam mais.

Venâncio entreparou pasmado.

– É o que lhe digo – prosseguiu Lalau. – Enquanto não possuímos nada, ninguém se importa com a gente. Mas logo que a maré chega, brotam da terra aproveitadores – como cogumelos!

Venâncio pasmou dois pontos mais, e Lalau, lendo a seu modo aquele pasmo, insistiu:

– É o que lhe digo! Como cogumelos! Você é inexperiente ainda, não tem os anos que tenho, e deve, portanto, ouvir-me. Como parente próximo, zelo pela família e faço grande empenho em abrir os seus olhos contra a caterva de parasitas que vai por este mundo de Cristo. Quer saber de uma coisa? Foi por esse motivo que eu vim. Motivo real! O resto foi pretexto, você compreende. Eu disse à Filoca: é preciso abrir os olhos ao primo; dinheiro escorrega das mãos como peixe e se lhe não acudo com os meus conselhos, adeus sorte grande! Vê? Foi por este motivo que vim.

Inda atônito, Venâncio balbuciou umas palavras de agradecimento pela generosa intenção, e Lalau, colhendo nova laranja, continuou:

— Porque, cá comigo, é assim: para salvar um parente não poupo sacrifícios! Ah, não poupo! Vou longe atrás dele, gasto dinheiro, mas aviso-o. Pensa que não foi um sacrifício esta minha viagem? Só de trem, 200 mil-réis! Mas, como já disse, não olho a despesas. É parente? É amigo? Não olho a despesas. Ah, não olho! Não acha que devo ser assim?

— Está claro — sussurrou Venâncio.

— Parece claro, mas poucos pensam deste modo e, em vez de sacrificarem um bocado das suas comodidades e virem abrir os olhos ao parente em perigo, sabe o que fazem?

— ?

— Vêm explorá-lo. Vêm ex-plo-rá-lo, primo! Admira-se? Pois saiba que o mundo está cheio de gente assim. Olhe, eu conheço um caso que...

Nessa noite o casal de fazendeiros passou a dormir na cozinha. Tiveram que ceder seu quarto ao Lalau e à esposa. As B... acomodaram-se na sala de espera. As F..., numa alcova. As duas criadas, na despensa. Ficou a casa repleta, tendo a cozinheira de dormir fora, no paiol.

Venâncio perdeu o sono. Altas horas inda matutava:

— Não sei como está para ser! De um momento para outro, onze bocas a mais...

— E que bocas! — observou dona Fortunata. — Como comem! A tal Fifi, que é um bilro e parece viver de brisas, bebeu um litro de leite para "rebater" meia dúzia de ovos. E sabe o que disse, toda espevitada? "Isto é para começarrrr... O médico mandou-me ir aumentando as doses aox poucox..." Veja você!

— Parece que chegaram da seca do Ceará! Lalau chupou duma assentada quinze laranjas, e das de umbigo...

— Esse não me admiro, que é homem e grandalhão. Mas aquele figo seco da tal prima Filoca? Com partes de enfastiada, foi à cozinha e chamou para o bucho todos os torresmos que eu tinha guardado para você. Dizem que é o ar...

— Ar! Ar! Eu respiro o mesmo ar e nunca tenho apetite. Esfaimados por natureza é o que eles são.

— E depois isto de comer à custa alheia deve ser um regalo! — concluiu dona Fortunata, valente criatura que jamais provara um quitute que não fosse preparado por suas próprias mãos.

O sono custou a vir, mas veio, e com ele um sonho. Sonhou Venâncio que uma nuvem de gafanhotos vinda do Sul se abatera no sítio, deixando-o nu em pêlo, sem folha nas árvores, nem soca de capim nos pastos.

Despertou sobressaltado. A manhã ia alta, com réstias de sol a coarem-se pelos vidros. Saltou da cama e foi à janela. Um vulto caminhava rumo ao pomar, de pijama, faca de mesa na mão, assobiando despreocupadamente o *pé de anjo*.

– Lá vai ele – murmurou Venâncio. – Lá vai às laranjas-baianas...

– Quem? – indagou a esposa, interrompendo o amarrar da saia.

– Ora quem! O gafanhoto-mor.

E como a esposa fizesse cara de interrogação, Venâncio contou-lhe o sonho da nuvem.

Dona Fortunata concluiu o nó da saia apreensivamente:

– Queira Deus não dê certo!

Deu certo. Nunca um sonho profético antepintou o futuro com maior precisão. Os hóspedes devoraram o sítio do Venâncio em poucas semanas. Foram-se todos os porcos, transfeitos em torresmos, lombo assado e lingüiça. Os lindos leitõezinhos que brincavam no terreiro acabaram no espeto, um por um. O mesmo destino tiveram as aves, com exceção do casal de Orpingtons, amarelas, que muito tentou a gula dos hóspedes, mas que Venâncio, por precaução, mandou esconder em casa de um vizinho. Os ovos, porém, se perderam.

– Sabe – disse dona Fortunata ao marido uma noite (era sempre à noite, na cama, que murmuravam contra a praga dos gafanhotos) –, sabe que a ninhada de ovos de raça já se foi?

– Não me diga! – exclamou Venâncio.

– Pois escondi-os num canto, no quarto dos badulaques, mas aquele pau-de-virar-tripa da Bubu meteu o nariz lá e descobriu-os e veio berrando muito lampeira: "Prima, suas galinhas estão botando no quarto dos cacaréus. Olhe que lindos ovos encontrei lá! Duas dúzias: a continha certa para hoje". Expliquei-lhe o caso, contei que eram ovos de raça, caros, que você reservava para chocar. Sabe o que a bisca respondeu? "Ora, não seja somítica. Nós vamos embora logo e suas galinhas ficam por aqui botando ovos pelo resto da vida."

Venâncio suspirou.

Um mês. Dois meses. Três meses.

No dia em que os hóspedes se foram, Venâncio mais a esposa deram uma volta pelo sítio, em desconsoladora inspeção. Tudo deserto. Nem um frango no galinheiro, nem uma goiaba no pomar, nem um porquinho na ceva.

– Comeram até o cachaço! – murmurou Venâncio, sacudindo a cabeça.

Na horta, as leiras de couve só apresentavam talos esguios – folhas nenhuma. Os pés de abóbora davam dó: nem uma aborinha, nem um broto...

– Como eles gostavam de cambuquira! – recordou dona Fortunata.

Finda a inspeção, um olhou para o outro, com desanimadíssimos focinhos.

– E agora? – indagou a mulher.

– Agora? – repetiu Venâncio. – Agora é fazer a trouxa e tocar para Itaoca antes que morramos de fome.

– E volta você para o empreguinho?

– Que remédio? Os "primos" devoraram a carne; tenho que roer o osso.

E foi graças ao apetite daqueles bem-aventurados primos que Itaoca viu reintegrar-se em seu seio um precioso elemento social. As palestras da botica andavam mortas, e sempre que se ventilava um ponto agrícola todos lamentavam a ausência do argumentador seguro, que sempre detivera com tanto brilho a palma da vitória.

Mas a volta de Venâncio foi uma decepção. O antigo entusiasmo murchara-lhe e nunca mais em sua vida piou sobre o tema favorito. E se acaso falavam perto dele em pragas da lavoura, geada, ferrugem, curuquerê ou o que seja, sorria melancolicamente, murmurando de si para si:

– Conheço uma muito pior...

E conhecia.

Tragédia dum capão de pintos
1923

Nasceram na mesma semana um pinto, um peruzinho e um marreco. Até aqui, nada. Todos os dias vêm ao mundo marrecos, perus e pintos sem que isso ponha comichões na pena dos novelistas. O estranho do caso foi que nasceram irmãos, contra todos os preceitos biológicos.

— ??

Explica-se. Tio Pio, preto cambaio que tomava conta do terreiro, tivera a idéia de reunir sob certa galinha, em choco sobre apenas cinco ovos, mais três de perua e dois de marreca salvos de ninhadas infelizes, conseguindo assim dar vida àquela estranha irmandade de nova espécie.

Dos nove ovos só vingaram três, e lá estavam os produtos já crescidotes sob a guarda solícita do Peva-de-raça, capão de pintos posto a pajeá-los para que dona galinha não perdesse tempo com tão pífia ninhada.

Triste sorte na fazenda a dos galos cotós de pernas! Tio Pio os punha de parte para capões de pintos, transformando os belicosos "clarins da aurora" em tristes eunucos, bichos metade galo, metade galinha, senhores de crista, espora e cauda flamante não mais destinadas a seduzir frangas, senão a divertir pintinhos.

Peva-de-raça tinha este nome pelas razões que o nome indica. Mas vá lição para os leitores da cidade, gente que de galos e galinhas só conhece os da torre das igrejas e as que aparecem ao jantar em molho pardo. *Peva*: perna curta; *de raça*: raça estrangeira.

– "A mó que Plimu" – explicava Pio aos interpelantes.

Excelente sujeito o Peva! Tomara os órfãos no primeiro dia sem nenhuma relutância e dera com eles criados à custa de infinitos de pachorra.

Muitos dissabores sofreu. O marrequinho, sobretudo, causou-lhe sérios aborrecimentos.

Havia na fazenda um tanque bordado de taboas esbeltas, rico de traíras e sapinhos de cauda. Esse tanque era a mania do lindo pompom de arminho amarelo. Quantas vezes não ficou o Peva à beira d'água seguindo de olhos aflitos as evoluções do mimoso palmípede, que nela penetrava e nadava, e mergulhava com louca afoiteza, inconcebível para o velho capão!

Já os outros não o afligiam tanto. Divertiam-no até. O capão gostava de ver o peruzinho em caça às moscas. Magricela e tonto, como sabia marcar a presa, achegar-se com extrema lentidão e de repente – *zás!* – uma bicada certeira!

O pinto, esse era mestre em travessuras. Subia-lhe às costas, tenteando-se nas asinhas, e trepava-lhe pelo pescoço até alcançar a crista, cujas carúnculas bicava.

Era muito cauteloso, o Peva. Se vinha chuva, punha-se logo de agacho para abrigo dos guris – de dois apenas, que o terceiro, o marreco, nenhum caso d'água fazia, antes pelava-se por chuva, só recolhendo ao sentir-se entanguido.

E era muito metódico, o Peva. Mal a tarde fechava a carranca anunciativa da noite, lá ia ele de rumo ao terreiro aninhar-se rente ao muro, sempre no mesmo lugar. Escarrapachava-se ali ao jeito das galinhas e esperava que os órfãos, depois dumas derradeiras voltas por perto, viessem chegando e se metessem dentro da plumosa casa viva.

Entrava primeiro o peru, um friorento de marca; depois o pinto; o marreco por último.

E o Peva cochilava, transfeito em esquisito animal de quatro cabeças: a sua, grande, cristuda, e mais três cabecinhas curiosas, que abriam seteiras na plumagem e espiavam o mistério do mundo a envolver-se nas sombras da noite.

Aquela singularidade deu nome e renome aos três bichinhos. Quantos pintos, perus e marrecos houvesse na fazenda eram todos conhecidos por pinto, peru e marreco, genericamente. Só eles se personalizavam. Eram o Pinto Sura, o Peruzinho do Capão e o Reco-Reco. Seres privilegiados, libertos da disciplina comum do galinheiro, tornaram-se logo as criaturinhas mais populares daquele pequeno mundo. Viviam soltos sem lei nem grei, como boêmios errantes encontradiços por toda parte – nos chiqueiros, nos pastos, ao pé das tulhas, à porta das cozinhas, onde quer que aparecesse fartura de milho, siriris e quireras.

Havia na fazenda outros animais populares. Havia a Ruça, mulinha de carroça, bastante velha e próxima da aposentadoria. Só trabalhava em serviços leves de terreiro, puxando a "carrocinha de dentro". Pertencera à tropa, transportara muito café para a cidade, sempre com carga de oito arrobas, façanha de que, com saudades, se recordava agora.

Entre as vacas era a Princesa a mais popular. Vaca de estimação. Enriquecera a fazenda de numerosos filhos, entre os quais o possante Beethoven, agora pastor do rebanho. Dera ainda a Rosita, leiteira de truz fiel à estirpe e certa nas doze garrafas diárias. E quantas outras crias que já andavam por sua vez de bezerrinho novo, ou na canga, a puxar carros! Vivia às soltas, livre de cercas, sempre no pasto dos porcos, ocupando o tempo em mascar babosamente boas palhas de milho.

Quem mais? Sim, o Vinagre – fiel guardião da "casa-grande", veadeiro de fama outrora, hoje um dorminhoco que o que fazia era cochilar ao sol, de focinho entre as patas e olhos lacrimejantes. Todo ele era passado. Durante as sonecas vinham agitá-lo pesadelos, nos quais reviviam as cenas violentas das caçadas de antanho. E o glorioso veterano acuava a dormir.

Os homens nunca prestam grande atenção aos animais que os rodeiam. Brutinhos, dizem, e desprezam-nos. Mas a verdade é que a esses nossos manos o que os inferioriza é não gozarem o dom da fala, pelo menos de fala inteligível para nós, visto como pensam e superiormente raciocinam, possuindo sobre os homens e as coisas idéias terrivelmente lógicas.

Ali na fazenda eram todos concordes num ponto: a supremacia de Tio Pio sobre os demais seres humanos. Era Tio Pio a atenção que nada esquece, a justiça que dá e pune, o amor que compreende, o deus que cura, a ordem que tudo simplifica.

Para o trio do Peva era Tio Pio o Recolhe-ovos, o Deita-ninhadas, o Mata-piolho, o Varre-galinheiro, o Pega-frango, o Arruma-ninho, o Traz-quirera, o Rebenta-cupim, o Espanta-cachorro – modalidades várias dum alto espírito de providência.

Para a Princesa era o Traz-milho, o Tira-leite, o Prende-bezerro, o Esvurma-berne, o Fecha-porteira, o Bota-no-pasto.

Para a mulinha era o Põe-carroça, o Arruma-arreios, o Escova-pêlo, o Dá-ração.

Para o Vinagre era o Lava-cachorro, o Traz-angu, o Atiça-atiça, o Prega-pontapés.

Só ele, entre tantos homens da fazenda, revelava-se, apesar de preto, claro de intenções e compreensível; só ele não podia desaparecer sem grave dano geral. Lembravam-se de como todos padeceram certa ocasião em que Tio Pio caiu de cama. Houve desordem grossa. Pintos morreram de fome; Vinagre emagreceu; a Princesa viu-se privada de palha; o Peva dormiu fora do terreiro pela primeira vez. Ao cabo de dez dias, quando o preto ressurgiu, recém-sarado, foi como se repontasse o sol em seguida a longo tempo de chuvas. Que alegria!

As demais criaturas humanas afiguravam-se-lhes misteriosas e sobretudo ilógicas. Impossível ao Vinagre entender o patrão. Já de cara alegre, já de cara amarrada, recebia-o alternativamente com carinho ou pontapés. E o velho cachorro filosofava: como é que um mesmo ato meu, sempre gesto de afago e submissão, ora recebe prêmio, ora castigo? Não entendia...

E muito menos o entendiam o Peva, a Princesa e a Ruça. Sua presença no curral ou no pasto era signo certo de calamidade – morte, prisão, tortura. "Mate aquele boi", "Pegue aquele frango", "Arreie aquele cavalo", "Cape aquele porco". Mate, pegue, arreie, cape, venda, esfole – não se lhe ouviam outras palavras. E toda gente corria pressurosa a executar-lhe as ordens, por mais tirânicas que fossem.

Igualmente incompreensíveis eram os filhotes do homem. Que criaturinhas variáveis, irrequietas, cruéis! Sempre de vara na mão, perseguiam abelhas e borboletas, esmagavam os sapos, atropelavam as galinhas. Ao vê-las, Vinagre disfarçadamente saía para longe e o Peva bandeava-se com seus órfãos para o outro lado dalgum vedo. Só a Princesa nenhum caso deles fazia, certa do terror que lhes inspiravam os seus longos chifres.

Já a Dona, mulher do Senhor, não infundia medo senão às aves. Terrível inimiga do galinheiro! Depredava os ovos e condenava à morte justamente os mais belos frangos e as mais respeitáveis matronas de pena – "galinhas velhas", como dizia a ingrata.

Para os outros animais a Dona significava apenas ignorância. Era a "Perguntativa" e a "Muda-cor". Hoje de cor-de-rosa, amanhã de azul, não usava cor fixa. E vivia interrogando:

– Pio, que burro é esse?

– Não é burro, Sinhá, é a mulinha Ruça.

Perguntava sempre. Que *caroços* eram aqueles na vaca? Que boi estava *rinchando* no pasto? Que *trepadeira* andavam a tirar das árvores?

Viera duma cidade grande, havia pouco tempo, cheia de gritinhos e medo aos bichos. Ignorava tudo, fora pilhar ninhos. *Papa-ovo*, apelidou-a o Peva, como já havia apelidado Tio Pio de *É-hora* e aos demais camaradas da fazenda de *Sim-Senhores*, porque *Sim-Senhor* era o estribilho com que habitualmente retrucavam a todas as ordens do Dono.

Por uma tarde igual às outras, recolhia-se Peva ao pouso do costume seguido dos três órfãos já marmanjões. No céu, a caraça vermelha do sol escondia-se detrás do morro, e na terra os primeiros grilos ensaiavam as asas cricrilantes. Rente à porteira a mulinha, solta no pasto minutos antes, espojava-se regalada.

– Boa tarde! – saudou-a o Peva. – Cansadinha, hein?

A mula interrompeu a cabriola e abanou as orelhas como quem diz: "É verdade". Depois falou:

– Acho prudente que tome cuidado com seus filhos. A Perguntativa anda interessada por eles – e isso é mau sinal. Vi-a em conversa com É-hora e pilhei este pedacinho: "O marreco do capão está no ponto". Não sei o que quer dizer, mas boa coisa não será.

O Peva enrugou a testa, apreensivo. Jamais a Perguntativa se referia a alguma ave sem que sobreviesse desgraça. "Está no ponto" – que quereria dizer aquilo?

A mulinha ignorava-o. Sabia de algumas palavras triviais, conhecia o *pegue*, o *prenda*, o *mate* – mas o *está no ponto* era-lhe coisa nova.

– Quem há de saber disto é o Vinagre. Mora na casa-grande e entende a língua dos homens melhor do que nenhum de nós. Consulte-o, e não deixe também de consultar a Princesa, cuja experiência da vida é grande.

Peva se foi à Princesa, que encontrou mascando as palhas do costume.

– *Está no ponto* – poderá dizer-me, senhora Princesa, que coisa significa na língua dos homens?

A vaca interrompeu a mascação e disse:

– Já ouvi essa palavra aplicada ao meu filho segundo, o Barroso. Tinha ele 2 anos e meio. O Dono passava em companhia de um Sim-Senhor. Avistou de longe o meu Barroso no pasto e ordenou: "Aquele boizinho está no ponto. Carro com ele!". No dia seguinte laçaram-no, meteram-no na canga e o pobre do meu garrote muito que padeceu a puxar um carro pesadíssimo. Deste incidente concluo que *estar no ponto* quer dizer *carro*.

Peva, um tanto curto de idéias, tremeu ante aquela revelação. Horror, meterem no carro ao seu querido marrequinho! Em seguida duvidou. Andar no carro era coisa que só vira fazer aos bois. Não podia ser. A vaca errara evidentemente.

– "Resta-me consultar o Vinagre" – refletiu, e todo pepé, com ruguinhas de apreensão na crista, foi ter com o velho cachorro.

Vinagre não resolveu o enigma, embora respondesse como o mais sábio dos oráculos.

– Pode ser muita coisa. A linguagem dos homens varia, ora quer dizer isto, ora aquilo. Mas que não é coisa boa, isso eu asseguro.

Nesse dia o capão, seguido dos órfãos, recolheu-se ao pouso habitual sem a despreocupação de outrora. Custou-lhe conciliar o sono. Não lhe saíam da cabeça as palavras misteriosas e de sentido inapreensível. Por fim dormiu e sonhou. Sonhou que ao lado do Barroso jungiam ao carro o pobre marrequinho. O sonho virou pesadelo e Peva sofreu horrores ante o quadro do filho adotivo a debater-se sob a monstruosa canga...

No dia seguinte, no momento da ração de milho, Tio Pio inesperadamente agarrou o marrequinho pelas pernas e lá se foi com ele para a Cozinha.

Aflitíssimo, tomado de imenso desespero, Peva inda alimentou esperanças de vê-lo. Mas a noite chegou e com ela a primeira desilusão de sua vida. Nada do marreco. Pela manhã, nada. Meio-dia, nada.

À hora do jantar encontrou Vinagre roendo uns ossos no terreiro.

– Que é isso, amigo?

– Ossos de marreco.

– De marreco! – exclamou Peva, surpreso.

– Sim. Que admiras? Que os marrecos tenham ossos? Têmo-nos, e excelentes...

Peva estarreceu. Compreendia afinal o tremendo sentido das palavras misteriosas. *Está no ponto* significava condenação à morte. Horror!...

Guardou consigo, entretanto, aquela mágoa. Nada disse ao peruzinho nem ao frango, prevendo para os dois sorte idêntica.

– "Bem triste a vida sob o domínio cruel do homem! Nada de bom vem deles..." – filosofou.

Nessa mesma tarde Peva cruzou-se com a Princesa e disse-lhe:

– Erraste, Princesa. *Está no ponto* quer dizer *morte*.

A vaca parou a mastigação da palha e sorriu da ingenuidade do Peva. Ela tinha tanta certeza de que queria dizer *carro*...

A vida na fazenda rolava na mesmice de sempre. Tudo continuava. A Ruça, a puxar a carrocinha; a Princesa, a mascar palhas; o Vinagre, a acuar em sonhos. Só na tribo do Peva a alegria não era a mesma. Saudades do marreco. Várias vezes o frango indagou do destino de Reco-Reco, forçando o capão a mentir. "Anda de viagem, uma longa viagem... Um dia volta."

Mas com que tristeza punha os olhos no tanque ou nas poças de enxurro que se formavam em dias de aguaceiro, pensando lá consigo: "Nunca mais!"...

O tempo corre, as estações se sucedem. A primavera anunciou-se nos mil botões que se arredondavam nas laranjeiras. Os órfãos do capão já eram mais companheiros de ciscagem do que filhotes pipilantes. Já dispensavam a sua solícita assistência. O peruzinho, grandalhudo e bem empenado, fez-se independente. O frango punha crista, com as esporas abotoadinhas. Mudara de gênio, e se via alguma franga ia arrastar-lhe a asa até que algum galo de verdade o escorraçasse.

Certa manhã a Perguntativa veio assistir à amilhagem das aves. Fez várias perguntas e deu várias ordens ao Pio, concluindo, de dedo apontado para o frango:

– Está pedindo panela, aquele!
– Qual, Sinhá? O Sura?
– Sura quer dizer sem rabo? É. É ele mesmo.

Peva, que tudo ouvira, engasgou-se com o grão de milho que tinha no bico, perdeu a fome e incontinênti saiu do bando. Embora não compreendesse o sentido daquelas palavras, previu que "boa coisa não seria", como filosofava o Vinagre.

E acertou. O frango, no dia imediato, desapareceu misteriosamente. Peva procurou-o por todos os cantos e, desconfiado, foi rondar os fundos da Cozinha na esperança de ouvi-lo piar lá dentro. Não ouviu pio nenhum – mas encontrou penas suspeitas no monte de lixo...

Adquirida a certeza do novo desastre, fez-se ainda mais tristonha a vida do pobre capão. A Cozinha! Era nas goelas daquele horrendo Moloch que sucessivamente iam desaparecendo os seus queridos órfãos. Engolira o marreco, engolira o frango... Engoliria também o peruzinho, por que não?

Velho e desalentado, com o coração sempre saudoso dos travessos garotinhos que criara, tornou-se macambúzio. Inda passeava com o peru, apesar da cada vez maior independência deste. Chegou a notar que era ele, Peva, quem o acompanhava agora. Notou-o, mas procurou iludir-se e simulava amadrinhá-lo, como outrora...

Pela força do hábito inda dormiam juntos, no antigo pouso ao pé do muro. Mas logo o peru, que é amigo de poleiro, elegeu um, cômodo, em certa escada velha, e o capão teve de acompanhá-lo na mudança. E ali passaram a dormir juntinhos e encorujados no mesmo degrau.

Assim viveram até a chegada do Ano-Bom.

Na véspera a Perguntativa apareceu no momento do dar milho e disse ao Pio:

— Olhe, amanhã temos o peru. Não esqueça de comprar pinga.

Desta feita Peva não vacilou quanto ao sentido da expressão. *Está no ponto – panela – temos o peru* – deviam ser frases equivalentes. Estava pois condenado a entrar para a Cozinha o seu derradeiro filho...

Cheio de resignação e com a alma em transes, Peva passou o dia num canto, jururu, remoendo as doces recordações de outrora. Ao cair da noite recolheu-se. Empoleirou-se na velha escada e achou muito natural que o peru não comparecesse.

Dormiu tarde e teve o sono agitado de contínuas estremeções de angústia.

No dia seguinte notou movimento fora do comum na casa-grande. Vinha gente de longe, mulheres de trole, homens a cavalo. Vinagre, esquecido da soneca do costume, entrava e saía, abanando a cauda com vivacidade de cachorro novo.

Num destes vai-e-vens Peva o deteve.

— Que há na casa-grande? Tanta gente...

— Há peru — respondeu o cão. — Quando há peru, os homens se assanham, vestem roupas novas, brincam e dançam. Tenho notado que a presença do peru à mesa provoca nos homens uma espécie de delírio, como entre as galinhas a queda de iças.

Esta observação do cachorro, embora muito lisonjeira para a raça dos perus, não consolou nada ao nosso Peva, que se sentia ganho menos de tristeza que de funda indiferença pela vida. O sucessivo sacrifício dos filhotes calejara-lhe por partes o coração. No dia do marreco a dor que sentiu foi verdadeira dor de pai; em seguida, pela morte do frango, a sua dor foi dor de pai adotivo; agora, ao perder o peru, a dor era calma e resignada.

Dor de filósofo. Compreendia, afinal, que a vida foi e é assim, e não melhora...

Os capões inspiram desprezo aos galos e talvez piedade irônica às senhoras galinhas. Por isso Peva, em sua triste solidão, deambulava pelo terreiro como criatura sem lugar na vida. As lindas frangas, as viçosas poedeiras, e até as velhas galinhas aposentadas, tinham pela sua honesta companhia um profundo desdém. E como nem os frangotes o procuravam, o isolamento do triste eunuco era completo.

Esse errar à toa fê-lo notado de Tio Pio, que se lembrou de pô-lo a criar nova ninhada.

— Anda vadiando aqui, este diabo... Espera que te arrumo.

Agarrou-o, levou-o ao galinheiro, esfregou-lhe urtiga no abdome e deitou-o sobre uma ninhada de dez pintos nascidos na véspera.

Não ofereceu Peva a menor resistência. Deixou fazer. Agachou-se como dantes e cobriu lindamente os gentis recém-nascidos.

Altas horas, porém, ergueu-se e tomou rumo do poleiro, abandonando aos frios da noite a roda de vidinhas pipilantes. Não mais queria exercer a profissão de mãe. Para quê?

— Se têm de morrer na Cozinha, morram agora enquanto ainda não lhes tenho amor.

Os pintos amanheceram mortos, entanguidos de frio.

Quando Tio Pio tomou conhecimento do desastre, ficou furioso.

— Cachorro! Você fez mas paga!

Houve um corre-corre. A galinhada assustadiça debandou; os marrecos meteram-se no tanque.

Cotó de pernas, frouxo de asas, Peva pouco resistiu à perseguição do negro. Rendeu-se e, seguro pelas patas, de cabeça para baixo: com as idéias perturbadas pela congestão do cérebro, por sua vez transpôs a soleira da Cozinha, insaciável sorvedouro de vidas, odioso túmulo de Reco-Reco, do Sura, do Peru e agora do venerável tutor da estranha irmandade...

Quem na manhã do dia seguinte passasse pelo fundo da horta veria no monte de lixo um punhado de penas escaldadas, escorridas, sem cor, sujas de cinza. E veria duas pernas rugosas de longas esporas recurvas. E veria ainda uma dolorosa cabeça de crista violácea, com os olhos semi-abertos, em cujas pupilas de vidro várias formiguinhas se miravam.

Horríveis, aqueles despojos?

Um urubu pousado ali perto não pensava assim...

Duas cavalgaduras
1923

Um grande amigo dos livros, o estudante Batista de Ribeiro Couto[2].

Na sua dolorosa miséria de rapaz pobre, solto sem padrinhos na voragem carioca, desses bons amigos se socorria para desafogo da alma crestada ao vento das decepções. Falhava-lhe o sonhado emprego? Abria *Dom Casmurro* e logo a malícia de Capitu empolgava, levando-o para casos bem distantes do seu dorido caso pessoal. Traía-o algum amigo? O moço embarcava para Florença no *Lys Rouge*, hospedava-se com Miss Bell e, de visita às igrejas com Dechartre, ei-lo embriagado no ardente amor da condessa.

O estômago, porém, é Sancho. Não digere contemplações. Exige pão. E a fome, um dia, apresentou ao estudante o seu inexorável *ultimatum*: Mata-me ou mato-te.

Um só recurso lhe restava: reduzir a pão duro os seus amados livros.

Fê-lo, mas com que mágoa! Como vacilou na escolha da primeira vítima! E como lhe doeu o sórdido negocismo do belchior, miserável depreciador da "mercadoria" com o fito de obtê-la pelo mínimo!

Era este belchior certo judeu mulato com um "sebo" à rua do Catete. Mulato de barbicha irônica, própria para coçadelas nos momentos de engatilhar o preço. Tinha um jeito irritante

---

[2] *O crime do estudante Batista*, livro de contos de Ribeiro Couto.

de tomar os livros e ler o título por baixo dos óculos, como se os cheirasse. Tipo desagradável de múmia ressurreta, em perfeita harmonia com a sordidez da casa.

Que vitrina! Já ali se lhe anunciava a alma. Livros encardidos, brochuras de cantos surrados, canetas de vintém, lápis "quebra-a-ponta", tinteiros de refugo – tudo desbotado pelo sol e tamisado pela horrível poeira negra da rua. Dentro, um cheiro de velhice, misto de mofo e ranço – bafo proveniente metade da múmia, metade das estantes prenhes de brochuras infectas.

Pois foi nas garras de tal aranha barbada que o pobre contemplativo caiu, e um a um lhe sorvia ela todos os volumes da amada biblioteca, sempre a ratinhar, a rosnar, a espichar níqueis para o que valia notas.

Uma vez recebeu o moço más notícias de casa e instante pedido de uma linda irmãzinha que deixara em Catalão. Era forçoso servi-la, inda que houvesse de vender a alma ao diabo.

O jeito era um só: negociar em bloco os livros restantes. Que vá, que vá! Uma grande dor única é de preferir-se a mil dorezinhas parceladas. Que vá tudo!

Contou-os. Trezentos. Pelo preço médio que o judeu lhe pagava por unidade, obteria com aquele sacrifício os 200 mil-réis necessários e mais uns bicos. Que vá.

Batista retesou-se de alma, amordaçou o coração, meteu na carroça os velhos amigos e, como vai para a guilhotina o condenado, foi com eles para a rua do Catete.

O judeu examinou os volumes um por um, cheirou-os, sopesou-os e depois de longas manobras, engasgos, meias palavras e coçadelas da barbicha, abriu a oferta.

– Dou-lhe 40 mil-réis, moço, por ser para o senhor. E lamba as unhas, hein?

Tomado de súbita onda de cólera homicida, o estudante não lambeu as unhas: lambeu-lhe a vida. Estrangulou-o...

Havia eu lido esse formoso conto e ficara com os tipos gravados em relevo na memória, tanta nitidez dera à pintura o autor. O judeu mulato, sobretudo, passara a viver dentro de mim em lugar de honra na "sala de Harpagão".

Somos todos nós uns museus de tipos apanhados na rua ou colhidos na literatura. Museus classificados, com salas disto e daquilo. A minha sala dos usurários encerrava bom número de Shylockzinhos modernos, fisgados à porta de cartórios ou diretamente nos antros onde costumam empoleirar-se como harpias pacientes à espera dos náufragos da vida. Ombro a ombro conviviam eles com os patriarcas do clã – mestre Harpagão, tio Grandet e o João Antunes, de Camilo Castelo Branco.

Lida a novela de Couto, entrou para a sala mais um – o judeu mulato do Catete, tipo de tal vida que uma suspeita breve me tomou: "Este diabo existe. Não pode ser ficção. Há nele traços que se não inventam. E se existe, hei de vê-lo".

E pus-me a procurá-lo em certo dia de folga.

Fui feliz. Logo adiante do palácio do Catete certa vitrina atraiu-me a atenção. Acerquei-me dela com cara de Colombo. Aqueles livros desbotados, aquelas canetas... Tudo exato!

Mas... e aquele coelhinho?...

Sim, havia a mais, na sórdida vitrina, um coelhinho de lã do tamanho de um punho fechado. Encardido, os olhos de louça já bambos, as longas orelhas roídas, visivelmente brinquedo já muito brincado.

Aquele coelhinho!

Uma criança existe de quem o usurário comprou o coelhinho...

Meu Deus! Poderá haver em corpo humano almas assim?

Shakespeare, Balzac: que fraca imaginação a vossa! Criastes Shylock, Grandet, mas a potência do vosso gênio não previu este caso extremo. O judeu mulato reabilita os vossos heróis e atinge a suprema expressão do sórdido.

Furtou o coelhinho à criança...

Furtou-o com a gazua dum níquel...

Privou a pobrezinha do seu único brinquedo, do seu único amigo, talvez...

Abra-se um parêntesis.

Aqui intervém a imaginação.

Bastou que meus olhos vissem na sórdida vitrina o coelhinho de lã para que a irrequieta rainha Mab me viesse cabriolar na cachola.

E todo um drama infantil se me antolhou, nitidamente.

Era um menino de poucos anos, filho de pais miseráveis.

O homem bebia e a mãe definhava nas unhas "da pertinaz moléstia". Minto: da tísica. "Pertinaz moléstia" é a tísica dos ricos...

O clássico operário bêbado, em suma, e a clássica mãe tuberculosa. É sempre assim nos romances e é sempre assim na vida, essa impiedosa plagiária dos romances.

Reina a miséria na cafua úmida em que vivem, ele a delirar o seu eterno delírio alcoólico, ela a tossir os pulmões cavernosos – e a triste criança, sempre de olhos assustados, a criar-se um mundinho de sonhos para refúgio da almazinha que teima em ser alma.

Só tem um amigo essa criança: o coelhinho de lã que a mãe lhe deu em certo dia de doença grave.

Excelente quinino! A febre cedeu incontinênti e dois dias depois o enfermo se punha de pé.

Desde aí ficou sendo o coelhinho o amigo único da criança triste, seu confidente de todas as horas, seu irmãozinho mais novo.

Conversavam o dia inteiro, brincavam, contavam-se mutuamente lindas histórias; e à noite, muito abraçados, dormiam o sono dos anjos e dos coelhos.

Aquele coelhinho de lã...

É preciso ser Dickens para compreender o papel dos brinquedos únicos na vida das crianças miseráveis.

O comum dos homens não vê nisso coisa nenhuma.

Triste coisa, o comum dos homens...

Um dia, o pai desapareceu.

Inutilmente a tísica o esperou até altas horas, e o esperou no dia seguinte, e o esperou a semana inteira.

Desapareceu, e está dito tudo.

Na vida os miseráveis desaparecem, tal qual nos romances.

Vida, romance; romance, vida: será tudo um?

A tísica piorou, e certa manhã não pôde erguer-se da cama. E a fome veio.

E foi mister vender, hoje isto, amanhã aquilo, todos os trapos e cacos da mansarda em crise.

A *mansarda*! Que lindo efeito faz em romance esta palavra lúgubre! A *man-sar-da*!...

Vendeu-se tudo.

Luizinho era o leva-e-traz.

Levava o trapo, o caco, e trazia os níqueis do pão. E assim até que as reservas se esgotaram e a mansarda ficou nua como Jó.

— E agora?

A tísica lançou os olhos cansados pelas paredes nuas, pelos cantos nus.

Nada. Só viu o coelhinho. Mas era um crime sacrificar o coelhinho de lã...

Resistiu ainda algum tempo.

Por fim, disse:

— Vai, meu filho, vai vender o coelhinho de lã...

A criança relutou, mas cedeu ao cabo de muitas lágrimas. A fome impunha-lhe aquele sacrifício: trocar o seu tesouro por um pão.

O que chorou nessa manhã!

Como apertava contra o peito o amiguinho, sem ânimo de notificá-lo da tragédia iminente!

Resolveu mentir.

— Sabe? — disse ao coelho. — Vou pôr você numa casa que tem vitrina para a rua. Fica lá sentadinho a ver quem passa, os bondes, os automóveis tão bonitos! E eu vou todos os dias espiar você através do vidro. Quer?

O coelhinho não compreendeu aquilo e desconfiou.

— Mas por quê? Estou tão bem aqui...

Não era fácil iludi-lo; a fome, porém, é capciosa e Luizinho continuou a mentir:

— É cá uma coisa que sei. Uma pândega! Por enquanto é segredo. Fica você lá quietinho uns tempos, depois volta para cá de novo e eu conto a história.

O coelhinho de lã piscou para o menino, cavorteiramente. Gostava desses mistérios...

Luizinho levou-o ao belchior. Mostrou-o ao judeu; ofereceu-lho. O aranho tomou o coelhinho entre os dedos rapinantes, examinou-o, apalpou-o, cheirou-o e abrindo a gaveta suja tirou de dentro o menor níquel.

– Toma!

Luizinho ressentiu-se. Já conhecia o valor do dinheiro; achou aquilo "pouco demais". Vendo, porém, pela cara do judeu que era inútil insistir, pegou do níquel, beijou o coelhinho e disparou a correr.

No dia seguinte reapareceu no Catete. Parou diante da vitrina e longo tempo esteve a namorar o amigo, trocando com ele sinais de inteligência. O coelhinho piscava-lhe com uma vontade doida de rir e ele piscava para o coelhinho com uma vontade doida de chorar. E assim todos os dias, a semana inteira.

– "A semana inteira, senhor novelista? Não estou compreendendo nada. Vosmecê disse que o último recurso dos faminots fora o coelhinho de lã, que trocaram por um pão. Ora, comido o pão, e nada mais havendo para vender, manda a lógica que mãe e filho tenham morrido de fome.

– Obrigado, senhor lógico! Vejo que leu Stuart Mill e Bain, mas que nunca leu Dickens, nem Escrich, nem Montepin. Devia ser como dizes, se a vida fosse feita pelos lógicos. Mas Deus não era lógico, era apenas romancista. Não morreram, não, nem mãe nem filho. E não morreram porque justamente naquele dia o pai bêbado reapareceu...

– Oh!...

– Sim, meu Bain, reapareceu. E sabe que mais? Reapareceu regenerado...

– Oh! Oh!...

– ... e com dinheiro no bolso. Quer mais? E rico! Quer mais? E milionário, com a sorte grande da Espanha no papo. Quer mais? Quer mais? Nos romances há o epílogo e não sabe que o epílogo é o esparadrapo que une os bordos da ferida?, o dedo de Deus que recompensa?, o suspiro de consolo que nos reconcilia com a vida?

– Mas isto, afinal de contas, é vida ou romance?

— Grande tolo... É a vida com a lição da arte. A arte corrige a vida, dizendo-lhe: se não és assim, megera, devias sê-lo; se não procedeste assim, harpia, devias ter procedido; se não fizeste o bêbado reaparecer no momento oportuno, carcaça, devias tê-lo feito. A arte ensina à vida o seu dever.

Imagina tu, amigo lógico, que quando Deus criou o mundo..."

Feche-se o parêntesis.

Mas acordei. A rainha Mab fugiu-me do cérebro a galope em sua carruagenzinha *made by the joiner squirrel*, e entrei no belchior.

Lá estava no balcão o judeu mulato com sua barbicha de bode, os óculos de latão, o gorro sebento.

Não morrera, o aranho; apesar de estrangulado na novela de Ribeiro Couto, passava muito bem de saúde, o infame.

Era ele mesmo!

Naquele momento cheirava o lombo de um livro que um novo estudante Batista lhe oferecera.

Enquanto negociavam, pus-me à espreita disfarçadamente.

Exatinho! Couto fotografara-o com objetiva Zeiss. Até a voz...

— *Hum! Hum!* — fungou ele depois de lido o título. — Oscar Wilde... Isto não se vende, já passou da moda. Tenho carradas de *Dorian Gray*... A pior coisa que ele escreveu...

— Mas quanto oferece? — indagou o estudante, aborrecido de tantas micagens.

— Por ser freguês, pago sete tostões. E lamba as unhas, que hoje me pegou de veia!

O meu estudante Batista não fez como o de Ribeiro Couto. Não lhe lambeu a vida. Lambeu-lhe os sete níqueis oferecidos e saiu a pegar o bonde, displicentemente.

— E o senhor, que deseja? — disse-me então o pirata, depois de encafuar o livro na estante.

Eu não desejava coisa nenhuma, além de vê-lo, apalpá-lo, cheirá-lo, talvez estrangulá-lo de verdade. Não obstante, fiz-me de tolo.

— Ando à procura de um livro. Um livro de Wilde. Tem aí qualquer coisa deste escritor?

A fisionomia do estrangulado iluminou-se.

— Tenho a melhor coisa que Wilde escreveu, *O retrato de Dorian Gray*, conhece? – disse, puxando fora da estante o volume adquirido momentos antes. – Coisa papa-fina!

Tomei o livro, folheei-o. Edição francesa vulgar. Valeria, novo, 4 mil-réis.

— Quanto pede?

— 6 mil-réis, por ser para o amiguinho.

Sorri-me por dentro e por fora. Larguei o volume e acendi o cigarro.

— Não me interessa. É caro.

— Caro? Um livro destes, nesta encadernação, deste editor, deste autor? Nem me diga isso! E o senhor deve saber que *Dorian Gray* é a obra-prima de Oscar Wilde.

Meus dedos se crisparam. Que prazer estrangular aquela harpia! Contive-me, porém.

— E aquele coelhinho? – perguntei-lhe. – Quanto?

— Que coelhinho? – exclamou o aranho, mudando de cara.

— Um que está na vitrina.

— Ah, sim... Aquele coelhinho não vendo.

— Por que o expõe, então?

— Expu-lo ao sol. Mora aqui na minha mesa, mas como a casa é úmida ponho-o às vezes lá para evitar o bolor.

Diabo! O homem principiava a desnortear-me. Tinha em casa um objeto que não vendia. Era lá possível que um judeu daqueles não vendesse até a alma?

Insisti:

— Dou-lhe 5 mil-réis pelo coelhinho.

— Já lhe disse que não é de venda. 5 mil-réis! Nem 5 contos, sabe?

Revoltei-me. Veio-me à imaginação toda a tragédia do Luizinho e tive ímpetos de insultá-lo.

Contive-me e disse apenas:

— No entanto, furtou-o a uma pobre criança miserável...

O meu Shylock abriu a mais expressiva cara de espanto que já topei na vida. Depois encarou-me a fito e seus olhos lacrimejaram. Sentou-se, como aniquilado de súbita dor e explicou-me, em voz entrecortada:

— Não sou casado, não tenho filhos, não tenho ninguém no mundo. Mas tive uma criança. Enjeitaram-na aqui à minha porta e recolhi-a. Criei-a. Durante sete anos constituiu a minha única alegria. O Antoninho... Um dia veio a gripe e levou-o para o céu. Seu último brinquedo foi esse coelhinho de lã. Conservo-o aqui na minha mesa como jóia preciosa, pois me fala do Antoninho melhor que um livro aberto. Como quer que o venda? Não há no mundo o que para mim valha esse coelhinho...

Foi à vitrina e recolheu o brinquedo. Pô-lo sobre a mesa ao lado do tinteiro. E depois de uma pausa exclamou, olhando-o com um sorriso que me pareceu divino:

— Tinha um nome. O Antoninho só dizia o Labi...

— ?

— Sim, Rabi... Quer dizer rabicó, sem cauda. O Antoninho trocava o *r* pelo *l*.

Saí da casa do judeu completamente desorientado. Fui ao telégrafo e expedi ao autor de *O crime do estudante Batista* o seguinte despacho: "Couto, somos duas cavalgaduras!".

Um homem honesto
1923

– Excelente criatura! Dali não vem mal ao mundo. E honesto, ah!, honesto como não existe outro – era o que todos diziam do João Pereira.

João Pereira trabalhava em repartição pública. Estivera a princípio num tabelionato e depois no comércio como caixeiro do empório Ao Imperador dos Gêneros.

Deixou o empório por discordância com a técnica comercial do imperante, que toda se resumia no velhíssimo lema: gato por lebre. E deixou o cartório por não conseguir aumentar com extras o lucro legal do honradíssimo tabelião. Atinha-se ao regimento de custas, o ingênuo, como se aquilo fora a tábua da lei de Moisés, coisa sagrada.

Na repartição vegetava já de dez anos sem conseguir nunca mover passo à frente. Ninguém se empenhava por ele, e ele, por honestidade, não orgulho, era incapaz de recorrer aos expedientes com tanta eficácia empregados pelos colegas na luta pela promoção.

– Quero subir por merecimento, legalmente, ho-nes-ta-men-te! – costumava dizer, provocando risinhos piedosos nos lábios dos que "sabem o que é a vida".

João Pereira casara cedo, por amor – não compreendia outra forma de casamento – e já tinha duas filhas mocetonas. Como fossem sobremaneira curtos os seus vencimentos, a pequena família remediava-se com a renda complementar dos trabalhos caseiros. Dona Maricota fazia doces; as meninas faziam crochê – e lá empurravam a pulso o carrinho da vida.

Viviam felizes. Felizes, sim! Nenhuma ambição os atormentava e o ser feliz reside menos na riqueza do que nessa discreta conformidade dos humildes.

– Haja saúde que vai tudo muito bem – era o moto de João Pereira e dos seus.

Mas veio um telegrama...

Nos lares humildes telegrama é acontecimento de monta, anunciador certo de desgraça. Quando o estafeta bate na porta e entrega o papelucho verde, os corações tumultuam violentos.

– Que será, santo Deus?

Não anunciava desgraça aquele. Um tio de João Pereira, residente no interior, convidava-o a servir de padrinho no casamento da filha.

Era distinção inesperada e Pereira, agradecido, foi. E muito naturalmente foi de segunda classe, porque nunca viajara de primeira, nem podia.

Bem recebido, apesar de sua roupa preta fora da moda, funcionou gravemente de testemunha, disse aos nubentes as chalaças do uso, comeu os doces da festa, beijou a afilhada e no dia seguinte se fez de volta.

Acompanharam-no à estação o tio e os noivos, amáveis e contentes; mas protestaram indignados ao vê-lo meter a maleta num carro de segunda.

– Não admitimos!... Tem que ir de primeira.

– Mas se já comprei o bilhete de volta...

– É o de menos – contraveio o tio. – Mais vale um gosto do que quatro vinténs. Pago a diferença. Tinha graça!...

E comprou-lhe bilhete de primeira, sacudindo a cabeça:

– Este João...

João Honesto, assim forçado, pela primeira vez na vida embarcou em vagão de luxo, e o conforto do *Pullman*, mal o trem partiu, levou-o a meditar sobre as desigualdades humanas. A conclusão foi dolorosa. Verificou que é a pobreza o maior de todos os crimes, ou, pelo menos, o mais severa e implacavelmente punido.

Aqui, por exemplo, neste vagão dos ricos, refletia ele: poltronas de couro, boas molas no *truck*, asseio meticuloso, janelas amplas, criado às ordens. Tudo pelo melhor. Já nos carros dos pobres é o reverso, demonstrando-se o propósito de castigar com requinte de crueldade o crime de pobreza dos que neles embarcam. Nada de molas nos *trucks* para que o rodar áspero, solavancado, faça padecer a carne humilde. Nos bancos de tábua, tudo reto e anguloso, sem sequer um boleio que favoreça o repouso das nádegas. Bancos feitos de tabuinhas estreitas, separadas entre si de modo a martirizar o corpo. O espaldar – uma tábua a prumo – vai só até meia altura, negando assim a esmolinha dum apoio à triste cabeça do "sentado". Bancos, em suma, que parecem estudados pacientemente por grandes técnicos da judiaria com o fim de obter o mínimo de comodidades no máximo de possibilidades torturantes. As janelas sem vidraças, só de venezianas, dir-se-iam ajeitadas ao duplo fim de impedir o recreio da vista e canalizar para dentro todo o pó de fora. Nada de lavatórios: o pobre deve ser mantido na sujeira. Água para beber? Vá ter sede na casa do senhor seu sogro!

João sorriu. Veio-lhe à idéia lindo "melhoramento" escapo à sagacidade dos técnicos: encanar para dentro dos vagões de segunda a fumaça quente da locomotiva.

– Incrível não terem ainda pensado nisso!...

Lembrou-se depois dos teatros, e viu que eram a mesma coisa. As torrinhas são construídas de jeito a manter bem viva na consciência do espectador a sua odiosa condição social.

– És pobre? Toma! Agüenta a dor de espinha do banco sem espaldar nos trens e nos teatros resigna-te a não ver nem ouvir o que vai no palco.

João Pereira ainda filosofava estas desconsoladoras filosofias quando o trem chegou.

Desembarcaram todos – à rica, pacotes e malas por mãos de solícitos carregadores. Só ele conduzia a sua, pequenina mala barata de papelão a fingir couro.

Saiu. Na rua, porém...

– "*Diário Popular, Platéia...*"

... lembrou-se dum jornal comprado em caminho e que deixara no carro. Não vale nada um jornal lido? Vale, sim, e tanto que Pereira voltou depressa a buscá-lo. Sempre é um bocado a mais de papel na casa. Ao penetrar no *Pullman* vazio tropeçou num pacote largado no chão.

— Não sou eu só o esquecido! — refletiu Pereira a sorrir, apanhando-o.

A curiosidade não é privilégio das mulheres. João apalpou o pacote, cheirou-o e por fim rasgou de leve um canto do invólucro.

— Dinheiro!

Era dinheiro, muito dinheiro, um pacotão de dinheiro!

Pereira sentiu um tremelique de alma e corou. Se o vissem naquele momento, sozinho no carro, com o pacote a queimar-lhe as mãos... "Pega o larápio!" Esqueceu do jornal lido e partiu incontinênti à procura do chefe da estação.

— Dá licença?

O chefe interrompeu o que fazia e olhou-o com displicência.

— Encontrei num carro do expresso este pacote de dinheiro.

À mágica voz de dinheiro o chefe perfilou-se e, arregalando os olhos num dos bons assombros da sua vida, exclamou pateticamente:

— Dinheiro?!...

— Sim, dinheiro — confirmou João. — Num carro do expresso. Eu voltava de Himenópolis, e ao desembarcar...

— Deixe ver, deixe ver...

João depôs sobre a mesa o pacote. Com os óculos erguidos para a testa, o chefe desfez o amarrilho, desembrulhou o bolo e assombrado viu que era na verdade dinheiro, muito dinheiro, um dinheirão!

Contou-o, com dedos comovidos.

Pasmou. Encarou a fito o homem sobrenatural.

— 360 contos!

Piscou. Abriu a boca. Depois, erguendo-se, disse em tom sincero, espichando-lhe a mão:

— Quero ter a honra de apertar a mão do homem mais honesto que ainda topei na vida. O senhor é a própria honestidade sob forma humana. Toque!

João apertou-lha humildemente e também a de outros auxiliares que se haviam aproximado.

– O seu caso – continuou o chefe – marcará época. Há trinta anos que sirvo nesta companhia e nunca tive conhecimento de coisa idêntica. Dinheiro perdido é dinheiro sumido. Só não é assim quando o encontra um... como é o seu nome?

– João Pereira, para o servir.

– Um João Pereira, o Honrado. Toque de novo!

João saiu nadando em delícias. A virtude tem suas recompensas, deixem falar, e a consciência dum ato como aquele cria na alma inefável estado de êxtase. João sentia-se muito mais feliz do que se tivera no bolso, suas para sempre, aquelas três centenas de contos.

Em casa narrou o fato à mulher, minuciosamente, sem todavia indicar o *quantum* achado.

– Fez muito bem – aprovou a esposa. – Pobres, mas honrados. Um nome limpo vale mais do que um saco de dinheiro. Eu sempre o digo às meninas e puxo o exemplo deste nosso vizinho da esquerda, que está rico, mas sujo como um porco.

João abraçou-a comovido e tudo teria ficado por ali se o demônio não viesse espicaçar a curiosidade da honrada mulher. Dona Maricota, depois do abraço, interpelou-o:

– Mas quanto havia no pacote?

– 360 contos.

A mulher piscou seis vezes, como se jogada de areia nos olhos.

– Quan... quan... quanto?

– Tre-zen-tos e ses-sen-ta!

Dona Maricota continuou a piscar por vários segundos. Em seguida arregalou os olhos e abriu a boca. A palavra dinheiro nunca lhe sugerira a idéia de contos. Pobre que era, dinheiro significava-lhe cem, duzentos, no máximo 500 mil-réis. Ao ouvir a história do pacote imaginou logo que se trataria aí duns centos de mil-réis apenas. Quando, porém, soube que a soma atingia a vertigem de 360 contos, sofreu o maior abalo de sua existência. Esteve uns momentos estarrecida, com as idéias fora do lugar. Depois, voltando a si de salto, avançou para o marido num acesso de cólera histérica, agarrou-o pelo colarinho, sacudiu-o nervosamente.

— Idiota! 360 contos não se entregam nem à mão de Deus Padre! Idiota! Idiota!... Idioooota...

E caiu numa cadeira, tomada de choro convulso.

João pasmou. Seria possível que morasse tantos anos com aquela criatura e ainda lhe não conhecesse a alma a fundo? Tentou explicar-lhe que seria absurdo variar de proceder só porque variava a quantia; que tanto é ladrão quem furta um conto como quem furta mil; que a moral...

Mas a mulher o interrompeu com outra série de "idiotas" esganiçados, histéricos, e retirou-se para o quarto, descabelando-se, louca de desespero.

As filhas estavam na rua; quando voltaram e souberam do caso, puseram-se incontinênti ao lado da mãe, furiosíssimas contra a *tal honestidade* que lhes roubava uma fortuna.

— Você, papai...

João quis impor a sua autoridade paterna. Ralhou e fê-las ver quão indecoroso era pensarem de semelhante maneira. Foi pior. As meninas riram-se, escarninhas, e deram de suspirar com o pensamento posto na vida de regalos que teriam se o pai possuísse melhor cabeça.

— Automóvel, um bangalô em Higienópolis, meias de seda...

— ... com *baguettes*...

— ... chapéus de Mme. Lucille, vestido de tafetá...

— Tafetá? Seda *lamée*!...

— Meninas! — esbravejou Pereira. — Eu não admito!

Elas sorriram com ironia e retiraram-se da sala, murmurando com desprezo.

— Coitado! Até dá dó!

Aquele nunca imaginado desrespeito magoou-o inda mais do que a repulsa da mulher. Pois quê?! Ter aquela recompensa uma vida inteira de sacrifícios norteados no culto severo da honra? Insultos da esposa, censura e sarcasmo das filhas? Teria, acaso, errado?

Verificou que sim. Errara num ponto. Devia ter entregado o dinheiro em segredo, de modo que ninguém viesse a ter notícia do incidente...

Os jornais do dia seguinte trouxeram notas sobre o grande acontecimento. Louvaram com calor aquele "gesto raro, nobilíssimo, denunciador das finas qualidades morais que alicerçam o caráter do nosso povo".

A mulher leu a notícia em voz alta, por ocasião do almoço, e como não houvesse sobremesa disse à filha:

– Leva, Candoca, leva este elogio ao armazém e vê se nos compra com ele meio quilo de marmelada...

João encarou-a com infinita tristeza. Não disse palavra. Largou o prato, ergueu-se, tomou o chapéu e saiu.

Na repartição consolou-se. Receberam-no com parabéns e louvores.

– O teu ato é daqueles que nobilitam a espécie humana – disse, dando-lhe a mão, um companheiro. – Toque.

Pereira apertou-lha, mas já sem comoção nenhuma, preferindo no íntimo que não lhe falassem naquilo.

Estavam todos curiosos de saber como fora a coisa e rodearam-no.

– Conta por miúdo a história, João.

– Muito simples – respondeu ele com secura. – Encontrei um pacote de dinheiro que não era meu e entreguei-o, aí está.

– Ao dono?

– Não. A um chefe, a um chefe lá...

– Muito bem, muito bem. Mas escuta: não devias ter entregado o dinheiro antes de saber a quem pertencia.

– Perfeitamente – acudiu outro. – Antes de saber a quem pertencia e antes que o dono reclamasse...

– ... e provasse – pro-vas-se, entendes? – que era dele! – concluiu um terceiro.

João irritou-se.

– Mas que é que têm vocês com isso? Fiz o que a minha consciência ordenava e pronto! Não compreendo essa meia honestidade que vocês preconizam, ora bolas!

– Não se abespinhe, amigo. Estamos dando nossa opinião sobre um fato público que os jornais noticiaram. Você hoje é um caso – e os casos debatem-se.

O chefe de seção entrou nesse momento. A palestra cessou. Cada qual foi para sua mesa e João absorveu-se no trabalho, de cara amarrada e coração pungido.

À noite, na cama, já mais conformada, dona Maricota voltou ao assunto.

– Você foi precipitado, João. Não devia ter tanta pressa em entregar o pacote. Por que não o trouxe primeiro aqui? Eu queria ao menos ver, pegar...

– Que idéia! "Ver, pegar"...

– Já contenta uma pé-rapada como eu, que nunca enxergou pelega de quinhentos. 360 contos!...

– Não suspire assim, Maricota! Basta a cena de ontem...

– Impossível. É mais forte do que eu...

– Mas, venha cá, Maricota, fale sinceramente, fale de coração: acha mesmo que fiz mal procedendo honestamente?

– Acho que você devia ter trazido o dinheiro e devia consultar-me. Guardávamos o pacote e esperávamos que o dono o reclamasse – e provasse – pro-vas-se que era dele...

– Dava na mesma. Esse dinheiro nunca seria meu.

– Ficava sendo, é boa! Mas, olhe, João, você nunca pensou bem. Você não tem boa cabeça. É por isso que vivemos toda a vida esta vidinha miserável, comendo o pão que o diabo amassou...

– "Vidinha miserável!"... Sempre fomos felizes, nunca percebemos que éramos pobres...

– Sim, mas percebo-o agora, porque só agora nos surgiu a ocasião de enriquecer. Foi uma sorte grande que Deus nos mandou.

– "Deus..."

– Deus, sim, e você o ofendeu afastando-a com o pé. Poderíamos estar ricos, fazendo caridade, beneficiando os doentes... Quanta coisa! Mas a *tal honestidade*...

– "A tal honestidade!..."

– Sim, sim! Tudo tem conta na vida, homem! Ladrão é quem furta um; quem pega mil é barão, você bem sabe. Veja os seus companheiros. O Nunes, que começou com você no cartório, já ronca automóvel e tem casa.

– Mas é um gatuno!

– Gatuno, nada! O Clarabóia, esse já tem fábrica de chapéus. O seu Miguel – até quem, meu Deus! – comprou outro dia um terrenão em Vila Mariana.

— Mas é um passador de nota falsa, mulher!

— Passador de nota falsa, nada! Tem boa cabeça, é o que é. Não vai na onda. Não é um trouxa como você...

E não teve mais arranjo a vida do homem honrado. Adeus, paz! Adeus, concórdia! Adeus, humildade! A casa tornou-se-lhe um perfeito inferno. Só se ouviam suspiros, palavras duras. João perdeu a esposa. Impossível reconhecer na meiga companheira de outrora a criatura amarga, irredutível de idéias, que a visão dos 360 contos produzira.

E aquele coro que com ela faziam as meninas, sempre irônicas, sarcásticas...

— O vestido da Climene custou 500 mil-réis. Quando teremos um assim!

— Pois, olhe, às vezes a gente *acha* na rua vestidos assim, não um, mas centenas...

— Que adianta? *Acha*, mas *desacha*...

E suspiros.

Também na repartição foi-se-lhe o sossego. Todos os dias torturavam-no com alusões e indiretas irônicas.

Certa vez um dos colegas disse logo ao entrar:

— Sabem? Encontrei na rua um lindo broche de brilhantes.

— E levaste-o logo ao *chefe*, digo, ao Gabinete dos Objetos Achados...

— Não sou nenhum trouxa! Levei-o, sim, ao prego. Deu-me 360 mil-réis — e desde já vos convido a todos para uma vasta farra no domingo próximo.

— Vai também, seu Pereira?

O mártir não respondeu, fingindo-se absorto no trabalho.

— Não dá a honra... É um homem honeeeesto... Raça privilegiada, superior, que não se mistura, que não liga... Pois vamos nós, beber à beça, beber o broche inteirinho! Nem todos nascem com vocação para santo do calendário.

E o pior foi que desde o malfadado encontro do dinheiro João Pereira entrou a decair socialmente. Parentes e conhecidos deram de fazer pouco-caso no "trouxa". Se alguém lhe lembrava o nome para algum negócio, era fatal o sorrisinho de piedade.

— Não serve, o João não serve. É um coitado...

Convenceram-se todos de que João Pereira não era "um homem do seu tempo". O segredo de todas as vitórias está em ser um homem do seu tempo...

Seis meses depois o descalabro da casa era completo. Perdida a alegria de outrora, dona Maricota azedara de gênio. Vivia num desânimo, lambona, descuidada dos afazeres domésticos, sempre aos suspiros.

– Para que lutar? Nunca sairemos disto... As ocasiões não aparecem duas vezes e quem deixa de agarrá-las pelos cabelos está perdido.

Aquele desleixo agravou a situação financeira da casa. Todos os encargos recaíam agora sobre os ombros do chefe, cujo ordenado não aumentava.

João enojou-se da vida e perdeu o ânimo de vivê-la até o fim. Desejou a morte e acabou pensando no suicídio. Só a morte poria termo àquele martírio de todos os momentos, forte demais para uma alma bem formada como a sua.

Um dia o proprietário do prédio suspendeu o aluguel. Dona Maricota deu a notícia ao marido, cheia de indiferença.

– Esteve cá o homem da casa e disse que do próximo mês em diante são mais cinqüenta...

– ?!...

– Mais 50 mil-réis, sim, ali na ficha! Ou, então, olho da rua!

– Mas é uma exploração miserável! – exclamou Pereira. – A casa é um pardieiro e nós não podemos, positivamente não podemos...

– Pois é. E quando uns diabos destes perdem pacotes – porque você bem sabe que só eles possuem pacotes para perder –, inda aparece quem lhos restitua... Você está vendo agora como eles formam os tais pacotes. Arrancando o pão da boca duns miseráveis como nós – dos *honestos*...

– Pelo amor de Deus, Maricota, não me fale mais assim que sou capaz duma loucura!...

– Está arrependido? Está convencido de que foi tolo? Pois quando encontrar outro pacote faça o que todos fariam: meta-o no bolso. Quem rouba a ladrão tem cem anos de perdão.

Estavam à mesa, sozinhos, tomando o magro café da noite.

– E você ainda não sabe de uma coisa – continuou ela depois duma pausa, como indecisa se contaria ou não.

– Que é?

– Disse-me hoje a Ligiazinha que você anda por aí de apelido às costas...

– Quê?

– *João Trouxa!* Ninguém diz mais Pereira...

O mártir ergueu-se, lançado por violento impulso interno.

– Basta! – exclamou num tom de desvario que assustou a mulher, e largando de chofre a xícara retirou-se para o quarto precipitadamente.

Dona Maricota, ressabiada, susteve a sua caneca a meio caminho da boca. E assim ficou, suspensa, até que tombou para trás, estarrecida.

Reboara no quarto um tiro – o tiro que matou o último homem honesto...[3]

---

[3] *João Pereira não era na realidade o último homem honesto, e sim o penúltimo. O último é o engenheiro Prestes Maia, prefeito de São Paulo.*

O bom marido
1922

Enquanto a mulher morria no trabalho, com oito filhos à cola, Teofrasto, o bom marido, procurava emprego.

Teofrasto Pereira da Silva Bermudes. Magro, alto, arcado, feio. Bigodeira, orelhas cabanas, pastinha na testa.

Dona Belinha casara-se contra a vontade dos seus, movida, quem sabe, menos de amor que de dó. Apiedou-a a humildade romântica de Téo, cujo palavrear de namoro feria habilmente uma tecla apenas – sua pobreza.

– Que vale haver dentro de mim um coração de ouro, nicho que habitarias a vida inteira, Isabel? Que vale este meu amor puríssimo, forte como a morte, feito de todas as abnegações, renúncias e delicadezas, se sou pobre? Que crime horroroso, ser "pobrezinho"!... – e ele armava a cara dolorida das presas da Fatalidade.

O noivado inteiro foi esse ferir a nota exata. Teofrasto adivinhou por instinto que a corda sensível da moça era a da piedade e fê-la vibrar de mil maneiras. Lido que era nas *Tristezas à beira-mar*, em *Graziela*, Escrich e mais lacrimogêneos do ultra-sentimentalismo, seu cérebro virou arsenal de glândulas peritas em verter lágrimas de 1840 sobre o coração das mulheres de hoje.

Venceu assim aquela e fê-la romper com a família – burgueses arranjados de límpida visão prática.

Inutilmente tentaram os pais abrir os olhos à moça.

– É um vagabundo, Belinha, sem eira nem beira, incapaz de ganhar a vida, malandro completo. Esteve na venda do Souza, mas foi posto no olho da rua por excesso de preguiça. Também esteve no cartório um mês e perdeu o lugar pelas mesmas razões. Além disso, é filho do Chico Manteiga, o maior parasitão que já vegetou por estes lados. Puxou ao pai...

— Falta de sorte — exclamava Belinha. — Téo ainda não se arrumou porque ainda não foi compreendido.

— Sorte!... Incapacidade é que é. Teofrasto não presta. Quem chega aos 32 anos sem achar o que fazer na vida está julgado: não presta. Ele inventou esse casamento contigo por uma razão só: viver à tua custa.

— Isso não! Téo jurou que há de trabalhar feito um mouro para que eu tenha a melhor das vidas. Sou professora, mas ele não admite que eu tire cadeira.

— Diz isso agora. Casa-te e verás como tudo muda. Nasceu para chupim o malandro e escolheu-te para tico-tico...

A moça, entretanto, teimou. Preferiu romper com a família a soltar o romântico pretendente. As juras de Téo, suas cartas de arrancar lágrimas às pedras, recebidas todos os dias, e aquele seu modo de olhar com infinitos de meiguice, deram à menina forças para resistir à sensatez dos conselhos.

— Ninguém te conhece, Téo. Desprezam-te porque és pobre. Mas para mim a riqueza que vale é a que me ofereces: esse tesouro de amor e carinho que sinto em teu peito.

Téo respondia dando corda às glândulas lacrimais e estilando grossos pingos.

— Anjo de bondade, tu és o orvalho que reanima a planta queimada do sol, és a chuva que abranda o fogo do deserto, és o pão que mata a fome ao faminto, és Deus, és Tudo...

E abraçava-a, soluçante.

— Isabel, meu anjo da guarda, meu paraíso, minha salvação... Abençoado o momento em que te encontrei na vida...

Repousava a cabeça no colo da moça e ficava a soluçar baixinho, enquanto Isabel lhe alisava maternalmente as melenas revoltas.

Realizado o casamento, Teofrasto, ganho de súbito furor, deu de procurar emprego. Passava os dias fora de casa, na "labuta", e só vinha para as refeições, cansado.

— *Uf!* Não posso mais...

— Conseguiste alguma coisa?

— Promessas por enquanto.

Isabel revoltava-se contra a dureza dos homens. Por que motivo repeliam assim criatura tão boa, tão honesta, tão esforçada e de tanta capacidade? Todos se arrumavam, aqui, ali, bem ou mal; só Teofrasto se debatia em vão... Por quê? Três meses já de caça ao trabalho e nada...

Resolveu ajudá-lo. Obteria uma cadeira, mesmo contra a vontade dele, e lecionaria. 300 mil-réis por mês! Já dá...

Quando o marido soube desses projetos, indignou-se.

— Não consinto! Para trabalhar aqui estou eu, homem e forte. Tinha graça ver-te a ensinar meninos e a custear as despesas da casa...

— Mas, Téo, tu vives a te matar sem conseguires coisa nenhuma...

— Mas conseguirei. Insistirei até o fim. Fecham-me as portas? Arromba-las-ei. Habilitações não me faltam, tu sabes; falta-me sorte apenas.

— Sei disso. Ninguém o reconhece melhor do que eu. Mas havemos de ficar assim toda a vida, esperando?...

— Peço-te um mês de prazo. Juro-te que dentro de um mês estará tudo arrumado. O que não quero, o que de maneira nenhuma consinto, é que digam por aí: "Olhem o Téo, um homenzarrão, a viver do trabalho da pobre mulher". Isso nunca!

Passou-se o mês concedido, e mais outro, e o terceiro. Agravando-se a situação, resolveu Isabel requerer cadeira às escondidas do esposo. Fê-lo e foi feliz, vendo-se nomeada logo.

Nesse dia esteve Teofrasto na farmácia, como de costume. Lá se reuniam todas as tardes diversos amigos para comentário dos fatos locais e encrencas da alta política. Nenhum dissertava tão bem quanto ele. Ninguém como ele para "descangicar" aquela trapalhada de "hermismo" e "civilismo" que dividia o país.

Era hermista. Adorava o Marechal Hermes, o Pinheiro Machado, o Surucucu e *tutti quanti*.

— Precisamos endireitar este país, custe o que custar. Basta de conselheiros! Venha a espada! Venha o pulso forte que diz — quero, posso e mando. É de despotismo, de um sábio e largo despotismo, que o país precisa.

Os civilistas troçavam.

— Espada burocrática, que vale? Antes a pena luminosa da Águia de Haia.

Téo pulava da cadeira, furioso.

— Águia de Haia? Sabem quem foi a verdadeira Águia de Haia? Foi o Barão do Rio Branco! Rui não passou dum fonógrafo. Os discos iam daqui, pelo telégrafo.

Tomou fôlego, gozando-se da piada, e prosseguiu:

— Depois, respondam-me cá: e as emissões? Rui é emissor, e eu sou contra a emissão!

Um coronel lido em jornais saltou-lhe à frente.

— Calúnia velha! Rui já provou que o Ministro da Fazenda que emitiu menos foi ele.

— Será. Mas a Revisão? A Constituição, como diz o Pinheiro, deve ser a arca santa, a deusa intangível – e Rui é revisionista.

— Está claro! Foi ele quem fez a joça e sabe melhor do que ninguém os vícios que ela encerra. O Pinheiro, um pente-fino de marfim, que é que entende de constituições? Entende de cavalos e *pocker*, e nada mais...

— Não admito!

— Vá não admitir na casa do diabo!

Teofrasto abandonou a arena e foi para casa furioso. Entrou e caiu na rede, já com a habitual cara de vítima.

— Que infeliz sou, Isabel! O mundo me persegue. Corri ceca e meca. Nada...

— Não faz mal – respondeu a moça, cuja fisionomia irradiava. – Requeri às escondidas uma cadeira e obtive-a!...

Téo sentou-se de golpe.

— Quê?

— É verdade. Fui nomeada hoje adjunta ao grupo escolar.

Téo desmanchou a pastinha.

— Fado cruel! Destino espezinhador! Eu, que te adoro, que te quero com todas as veras de alma, ser obrigado a viver do produto do teu trabalho? Nunca!

— Mas que tem isso, bobo? Não sou vadia, gosto de serviço e a escola me distrairá.

— Nunca! Não consinto, não admito que minha adorada esposa trabalhe. Antes rebentar os miolos à bala!

— Não digas isso, Téo!...

— Digo, digo porque sinto! És um anjo e não me conformo com a situação.

E arrepelando a grenha, de olhos cravados no teto:

— Em que signo maldito nasci eu? Que te fiz, meu Deus, para me castigares desta maneira?

A criadinha veio nesse momento chamá-lo para o jantar. À mesa Téo prosseguiu na lamúria, alternando imprecações com garfadas.

— Não me conformo! Não me sujeito! Pensas que não tenho brio, Isabel? Como me conheces pouco ainda! Passa-me o arroz...

Isabel acalmava-o.

— Tolice. Todo mundo trabalha. A mulher do Pessegueiro não está a lecionar depois de velha? O marido perdeu o emprego e ela agora é quem... Coma deste bolinho, que está muito bom.

— Sim, mas ali o caso é diferente. Ele perdeu o emprego, mas logo arranja outro. Tem sorte, tem a proteção de todo mundo. Cerveja!... Oh! Isto é então um banquete?

— Natural. Quis fazer-te surpresa dupla: nomeação e jantarzinho melhor.

— Nomeação! Não pronuncies tal palavra, Isabel, que me ofendes sem querer. Hamburguesa? Por que não compraste Brahma? Gosto mais da Brahma.

Houve sobremesa e Téo repetiu o papo-de-anjo.

Entraram em fase nova. O ordenado da professora veio salvar as finanças do casal. E seriam perfeitamente felizes se não fora a resistência de Téo. Mas não se conformava, o homem...

Depois do almoço, todos os dias, saíam ambos, ela para a escola, ele para o "serviço exaustivo" de procurar emprego — na farmácia, onde crescia de virulência o eterno bate-boca político.

Assim viveram até a vinda do primeiro filho, cuja presença perturbou o regime da casa. Fazia-se necessário meter nova criada, simples pajem que fosse.

Téo achou que não.

— É boa! E quem pajeia o menino durante a minha ausência? — quis saber a esposa.

— Ora quem! Eu, Isabel.

— Não consinto. Nada mais ridículo que um homem de bigodes a pegar criança. Prefiro tomar costuras para fazer à noite e com o rendimento pôr criada.

— Mas eu é que não consinto que redobres de trabalho! Costurar à noite, que horror! Nunca!

Isabel, que já conhecia o gênio do marido, cedeu provisoriamente e finda a licença retomou as aulas, deixando em casa o marido às voltas com o pimpolho.

Correu tudo muito bem durante os primeiros dias, enquanto brincar com o filho era para Téo novidade. Ao termo de duas semanas, porém, fartou-se e principiou a sentir saudades da farmácia. Disse-o à esposa, estilizadamente.

— Não vai bem assim, Isabel. Perco o meu tempo aqui a lidar com o menino e desse modo não arrumo a vida. Quinze dias já que não procuro emprego.

— Não to dizia? O melhor é fazer como pensei. Tomo costuras de fora e ponho criada.

— Mas não posso conformar-me com esse redobro de trabalho, Isabel! Vá que ensines, mas costurar para fora...

— Que é que tem? Nada me custa, sou forte — e além disso é o jeito...

Veio a criada. Dona Isabel tomou costuras e passava as noites à máquina, pedalando. Cosia habitualmente até as onze. Inúmeras vezes ao se recolher encontrava o marido no vale dos lençóis, ressonando. Entrava de manso na ponta dos pés e despia-se sem rumor para não acordar o coitadinho. Como o queria! Tão carinhoso... Incapaz de entrar a desoras, às oito já estava ali ao lado dela, brincando com o pequeno, enfiando a agulha da máquina, contando os casos do dia.

— Tive com o Bragadas hoje uma discussão violenta na farmácia. Provei que o Hermes vai ser a salvação do país e ele embuchou. Ninguém pode comigo na polêmica! Nasci para advogado.

— Por falar, por que não tiras carta de solicitador? O João Candó não vive tão bem como rábula?

Téo segurou o queixo.

— É verdade. Está aí uma idéia que não me ocorreu ainda. Vou pensar nisso.

Teofrasto Pereira da Silva Bermudes pensou naquilo durante vários anos. Nesse intervalo vieram novos filhos, dois, três, quatro, cinco. Os encargos da família redobraram e dona Isabel teve que fazer prodígios para assegurar a subsistência do clã.

Pobre criatura! Perdera a mocidade. Seus 26 anos pareciam 40. A beleza fora-se-lhe minada pela gravidez ininterrupta. Por fim, em conseqüência de certo aborto infeliz, entrou a perder a saúde. Era já com esforço que prosseguia na tarefa penosa, muito acima das suas forças.

Não se queixava, entretanto. Gabava-se até de feliz. Ao receber visitas, puxava logo a palestra para o tema clássico das mulheres, *os maridos*, e louvava o seu.

— Não é por me gabar, prima Biluca, mas marido como o meu não há outro. Téo me adora! A nossa lua-de-mel não acabou, nem acabará nunca. Que carinhos! Que meiguice! Sempre entrou cedo em casa, nunca me disse palavra dura, vive para mim, faz tudo quanto quero. Um mimo!

Biluca já não dizia o mesmo do seu. Casara com um homem forte, de rara atividade, que se absorvia nos negócios e estava prosperando magnificamente. Dava à família o máximo conforto, educava os filhos muito bem, mas... não era carinhoso. Muito ocupado sempre, não a punha ao colo, não lhe dizia palavrinhas doces.

Isabel irradiava.

— Téo não é assim. Beija-me sempre, ao sair e ao entrar. Tem caídos de noivo. E se você soubesse como se amofina de me ver trabalhar... Coitado!

Abria pausa de ternura e prosseguia:

— Sim, porque isso de homem para uso externo, uma figa! Quero maridinho para mim e não para as outras, não acha?

— Pois decerto!

— Téo mata-se no trabalho, passa os dias no serviço...

— No serviço?

— Sim... procurando emprego. Você sabe que não tem sorte nenhuma, o pobre; não há pior serviço do que esse. Mas não consegue colocar-se...

A fama do bom marido correu mundo. Todas as mulheres apontavam-no como o exemplo a seguir.

Os homens exemplares, porém, enfureciam-se.

– Um vagabundo daqueles! Um miserável chupim!

– Que tem isso? – disse uma. – Eu, franqueza, preferia que fosses também chupim, mas que me desses o carinho que ele dá à Isabel.

– É o cúmulo! Pois não vês que aquilo é profissão? Tipo asqueroso!... Agrada à mulher porque vive dela. É o seu negócio. Como há de um malandro daqueles encher o dia senão conversando bobagens na farmácia ou beijocando a idiota da esposa em casa?

Todos os homens pensavam assim; as mulheres, entretanto, liam pela cartilha da dona Isabel – e invejavam-na.

Dez anos se passaram sem que o emprego viesse. Estava escrito no livro do destino que Teofrasto morreria a procurar emprego. Fatalidade...

O triste é que viviam em penúria crescente. O trabalho da professora, por mais estirado que fosse, já não dava para vestir e alimentar os oito filhos pequenos e mais o nono, de bigodes.

A doença começou a derreá-la.

Mas como se galvanizava! Como insistia na terrível luta sem tréguas! Dona Isabel transformava em alento os carinhos do esposo. Comovia-se com eles e enlevava-se à noite a ouvi-lo dizer, da rede onde se balançava de pernas cruzadas, lançando baforadas para a ar:

– Isabel, como me dói ver-te sempre pedalando essa máquina! Por que não descansas um pouco? (Baforada.) Tenho o coração em chaga viva, pisado, torturado pela dor de não poder aliviar-te. (Baforada.) Tu te matas, Isabel, e eu...

Numa dessas vezes espicaçou-o uma idéia. Ergueu-se de salto e disse:

– Isto não pode ficar assim. Vou agarrar o coronel na rua e obrigá-lo a dar-me o posto de fiscal da Câmara. Se o não fizer, mato-o!

A mulher, assustada, interrompeu a costura.

— Pelo amor de Deus, Téo, não me vás cometer alguma loucura!...

— Não me detenhas, Isabel! Tudo tem fim na vida. Hei de conseguir, hei de extorquir, hei de arrancar o emprego! Não se martiriza assim um homem...

E saiu – ou vai ou racha – deixando a esposa apavoradíssima.

Fora, o ar livre acalmou-o e Téo seguiu para a farmácia, onde penetrou dizendo:

— Aposto o que vocês quiserem como antes do fim do mês os russos estão em Berlim. Assumiu o governo o Kerensky, e o Kerensky é um bicho!

— Como sabe?

— Li. Como também aposto que o General Cadorna vai envolver os austríacos por cima e dar um pealo por baixo – exclamou fazendo gestos no ar, indicativos das operações estratégicas.

O diálogo se passava durante a Grande Guerra.

— Pois eu aposto – retrucou um germanófilo – que o Ludendorff esfrega toda essa canalha em três tempos!

A conversa pegou fogo. Aquela gente entendia de guerra muito mais que os beligerantes, e o ardor de Teofrasto excedia ao do próprio Clemenceau. O debate só arrefeceu quando o relógio da matriz soou as dez.

— Diabo! Perdi a conta esta vez! – exclamou Téo.

Despediu-se e tocou para casa apressadamente. Dona Isabel, assustada com a demora, recebeu-o convencida de tragédia.

— Que houve, Téo? Fizeste alguma para ele?

— Ele, quem?

— O coronel...

— Ah, sim, o coronel... Ficou para amanhã. Não houve meio de encontrá-lo.

A mulher calou-se, compreendendo tudo...

O estado de dona Isabel agravava-se dia a dia. Por mais que se fizesse de tesa, tinha de arrear a carga. Ponderou tudo com o seu raro bom senso e escreveu à família: "Fiz o que pude, mas estou vencida. Não me queixo. Sou feliz, imensamente feliz. Téo me adora e faz o possível para colocar-se. Não tem sorte.

Persegue-o a mais cruel das fatalidades. Venham olhar para estas crianças, que o meu fim está próximo".

Téo nada soube desse passo e muito admirado ficou de ver chegarem os sogros.

Os velhos olharam-no com rancor e dirigiram-se para o quarto da filha.

Foi dolorosa a cena do encontro. Separados de dez anos, mal a reconheciam agora.

– Em que estado te encontramos, Belinha! Por que não nos chamou há mais tempo? O orgulho te matou...

Isabel, no fundo da cama, sorria.

– Perdoe, mamãe, e lembre-se de que não me queixo. Fui feliz. Téo é para mim um anjo de bondade. O que nos fez mal foi a miséria e agora a doença. Estou no fim.

Os pais choravam, assombrados em face da múmia a que se reduzira a linda menina de outrora. E culpavam-se de a terem abandonado, de não a terem socorrido a tempo.

Veio o doutor. Os velhos conferenciaram com ele a um canto.

– Caso perdido. Galopante. Morre exausta de canseira, de trabalheira excessiva, de partos e abortos mal conduzidos – de miséria, em suma. Aquele infame assassinou-a...

Dona Isabel morreu nos braços do bom marido, beijando-o e abençoando-o. Suas últimas palavras foram:

– O que mais me dói, Téo, é deixar-te sozinho no mundo, ao desamparo. Mas já pedi... e mamãe... olhará... por...

Não teve forças para o *ti*. Enunciou-o com os olhos e fechou-os para sempre.

Após o enterro, o sogro dispôs tudo para levar consigo o batalhãozinho de órfãos. Quanto ao chupim, puseram-no incontinênti no olho da rua.

– Fora daqui, assassino! Vá procurar outra!...

Teofrasto humildemente obedeceu. Saiu, procurou outra e achou... Um mês mais tarde ligava-se a certa mulata doceira, cuja quitanda ia próspera.

Guardou, entretanto, luto rigoroso e só dois meses mais tarde reapareceu na farmácia.

– *Resurrexit!* – exclamaram os amigos.

Teofrasto cumprimentou-os com cara de circunstância, triste como se recebera pêsames. E falou da morta.

– Uma santa! O meu consolo é que tenho a consciência tranqüila. Fui o melhor dos maridos e fi-la a mais contente das esposas.

– Lá isso parece. Ela o dizia e *todas* o repetem. Mas, olha, isto aqui não é sala de visitas de casa de defunto. Está na berlinda a declaração de guerra do Brasil à Alemanha. Que achas?

Teofrasto mudou de cara, esquecido já da santa e todo nas unhas da paixão política.

– Acho que fizemos muito bem. Precisamos entrar na guerra e mostrar aos alemães de quantos paus se faz uma canoa. O presidente Wenceslau Braz é um bicho!...

O rapto
1923

Sou oculista.

Dentre tantas especialidades abertas ao anel de pedra verde, barafustei pela oftalmologia, movido de nobres razões sentimentais. Lutar contra a noite, arrebatar presas à treva: poderá existir profissão mais abençoada?

Assim pensei, e jamais me arrependi de o ter pensado. Minha melhor paga nunca foi o dinheiro ganho em troca dos milagres da faca de De Graefe,[4] senão o êxtase da triste criatura imersa na escuridão ao ver-se de súbito restituída à luz.

O oculista, fora dos grandes centros, é um animal andejo. Não pode estacionar permanentemente no mesmo ponto, a exemplo dos colegas que curam todas as moléstias conhecidas e *quibusdam aliis*. Encontra em cada zona um reduzido grupo de clientes, curados os quais, ou desenganados, força é que se abale de freguesia.

Fiz-me andejo. Andei de déu em déu, por ceca e meca, desfazendo cataratas, recompondo nervos ópticos; e se não enriqueci, vale um tesouro o livro da minha carreira clínica, tão cheio o tenho de impressões suculentas de psicologia ou pitoresco.

Estampo cá uma delas: o caso do cego de Rio Manso. Não é caso cômico e não será trágico; duvido, porém, que me apresentem outro mais humano – e de tão grande rigor de lógica.

[4] *Instrumento cirúrgico usado nas operações de catarata.*

Rio Manso é viloca que os fados plantaram seis léguas além de Itaguaçu, cidadezinha onde permaneci três meses de consultório aberto.

Parti para Rio Manso – lembro-me tão bem! – bifurcado em aspérrimo sendeiro de aluguel, avatar evidente do Rocinante, salvo o trote, que o tinha capaz de desfazer em pandarecos a nobre vestimenta de lata do herói manchego.

Meu Sancho era o Geremário, excelente cabrocha a quem extirpei uma catarata e que virou desde aí o meu fidelíssimo escudeiro.

Nem eu nem ele conhecíamos o caminho. Não obstante, funcionou Geremário como perfeita bússola, agudíssimo que é o senso de orientação adquirido pela gente da roça no traquejo da vida ao ar livre.

A terra é para eles um mapa vivo; e o chão das estradas, um roteiro luminoso. Conhecem a primor a linguagem dos sinais impressos no solo vermelho – sulcos de carros, pegadas de animais, galhos partidos, restos de fogueirinhas – e os lêem como nós lemos a letra de forma. Foi assim que o arguto Geremário em certo ponto da viagem murmurou convictamente, com os olhos postos no caminho:

– Estamos chegando!

Olhei em redor e nada vi senão a mesma morraria desnuda, as mesmas samambaias. Nada denunciativo de povoado próximo.

– Como sabe, se nunca viajou destas bandas?

O meu cabrocha sorriu com malícia e explicou:

– A estrada está piorando. Estrada ruim, Câmara Municipal perto...

De fato, o caminho, bom até ali, principiava a esburacar-se. Pus-me a observar a mudança, rápida transição para pior, até que, dobrada uma curva, de chofre avistamos as primeiras casas da vila.

– Não disse? – exclamou jubiloso o pajem. – Câmara Municipal é marca que não nega...

Ri-me por fora, e por dentro admirei a suave ironia daquela agudeza de altos quilates.

Todos os nossos povoados possuem o mesmo aspecto suburbano – a mesma somática, como diria o meu velho professor de patologia, no seu preciosismo de acadêmico.

A estrada principia de repente a margear-se de humildes casebres de sapé e barro, com cercas de bambu atrepadas do melão-de-são-caetano, ou cercas vivas de pinhão-do-paraguai, cactos e outras plantas da zona. Aos poucos os casebres melhoram. Começam a surgir casas de telha, já rebocadas, já caiadas; e vendinhas; e tendas de ferradores; e assim vai em gradação insensível até virar rua, com passeios e espaçados lampiões de querosene.

Também a categoria social dos moradores acompanha tal ascensão. De mendigos, de velhos negros capengas, de sórdidas pretas que se espiolham ao sol – perfeita varredura humana de entristecedor aspecto –, a população passa a jornaleiros, a gente pobre mas arranjadinha, até chegar à "gente limpa". E como a rua, no crescendo em que vai, desfecha em praça – o largo da matriz, com gramados, coreto de música e casas de comércio –, assim também as "almas" sobem do mendigo roto ao senhor doutor delegado e ao excelentíssimo senhor coronel N. N., chefe da política local, semideus, dono e tutu-marambaia da terra.

Ao entrar em Rio Manso, vencidos os primeiros casebres, chamou-me a atenção um berreiro. Em certa casinhola fechada ia rolo velho, surra ou luta, a avaliar pelos gritos que de lá vinham. Não posso ver dessas coisas sem intervir. Parei à porta e com rompante de autoridade dei com a argola do relho.

– Que é lá isso aí?

O rumor interno cessou, mas ninguém me respondeu. Nisto aproximaram-se alguns vizinhos, de mãos no bolso e ar velhaco.

– Que terra é esta? – gritei. – Mata-se gente dentro das casas e ninguém se move?...

Retrucou-me um deles:

– Se a gente fosse se incomodar cada vez que o Bento Cego desce o guatambu nos filhos...

Bento Cego... O caso interessava-me. Pedi informações.

– É um cego que mora aqui, o Bento. Ele gosta da sua pinguinha. Bebe às vezes demais, vira valente e mete a lenha nos filhos. Tranca a porta e é, como diz o outro, pancada de cego!

Fiquei na mesma e, vendo que o sujeito não me adiantava o expediente, bati de novo na porta com o cabo do relho. Abriu-ma dessa feita um rapazinho aí dos seus 14 anos. Interpelei-o. O menino, a coçar-se, olhou para a gente reunida atrás de mim e riu-se.

– Bem se vê que o senhor não é daqui. Papai é assim mesmo. Bebe seus martelinhos[5] e quando esquenta a cabeça o gosto dele é bater. "Nós deixa", e até "se diverte" com isso...

Assombrei-me. Um pai cujo gosto é bater na prole e filhos que se divertem com a surra! Mas como cada roca tem seu fuso e eu não conhecia o uso daquela terra, não pedi mais – toquei para o hotel, vivamente interessado pelo estranho costume daquela família.

Armei tenda em Rio Manso e pus-me a consertar olhos. Entrementes, enfronhei-me na história do Bento Cego. Nascera arranjado, filho dum fiscal da Câmara, e quando casou morava em casa própria, legada pelo pai e sita em rua de procissão. Maus negócios fizeram-no perdê-la e passar à rua mais modesta. Vieram filhos, vieram doenças, macacoas de toda espécie, urucas, e Bento, a decair mais e mais, foi rolando para pior até acabar cego, à beira da cidade, na zona da mendicância.

Como e por quê?

Era Bento um triste incapaz. Não prestava para coisa nenhuma. Começasse por onde começasse, seu destino seria sempre aquele, acabar na rua chorando esmolas. Bobo em negócios, tinha, entretanto, fumos de esperto. Piscava o olho a cada transação que fazia, e quando os arregalava via-se logrado, tungado, embrulhado, furtado pelos "passadores de perna".

Fez-se barganhista, e jamais a barganha[6] lhe deu o menor lucro. Começou pela casa. Barganhou-a por outra, muito inferior, tentado pela "volta". Em três meses comeu a "volta" e ficou a nenhum em matéria monetária.

---

[5] *Martelo é uma antiga unidade de medida de capacidade para líquido, equivalente a 0,16 litro.*
[6] *Existe pelo interior a "arte da barganha", em que na troca de um objeto por outro o mais esperto ganha uma "volta" em dinheiro.*

Mas a tentação da "volta" não o abandonou mais. Iria barganhando e comendo as "voltas": solução mirífica, pensou ele piscando o olho.

E assim fez.

Casão por casa, casa por casinha, casinha por dois carros e quatro juntas de bois, os carros por dois cavalos, os dois cavalos por uma besta de fama que fazia e acontecia e não sei quem dava por ela oitocentos "bagos" – um negocião, sempre um negocião!

A ciganagem espigatória[7] viu nele uma perfeita mina incapaz de resistir ao sésamo "volta"!

E tantas voltas deram no pisca-olho, que Bento se viu por fim com toda a herança paterna reduzida à mula, que não valia nem metade do preço. O freguês dos oitocentos bagos era fantástico e por muito feliz se deu ele de passá-la adiante por 260 mil-réis, mais uma garrucha velha de lambuja.

Os filhos, já taludos por esse tempo, saíram ao pai. Nunca freqüentaram escolas, nem queriam saber de trabalho. Não se "sojeitavam". Pelas vendas, à toa pelas ruas, viraram os piores moleques da terra e transformaram num inferno a casa do Bento. Exigências, brigas diárias, palavrões imundos e uma lambança das mais sórdidas. E como o pai, frouxíssimo de caráter, nunca tivesse ânimo de lhes torcer o pepino, eles acabaram torcendo o pepino ao pai. Tratavam-no como alguém trata cachorro, aos pontapés, e por fim, quando a miséria chegou e faltou um dia feijão à panela, foram às últimas – espancaram-no.

Bento não reagiu.

Reagir como, se eram três e ele não chegava a um? Resignou-se. Estimulados por tamanha covardia, entraram os filhos a repetir as doses, a amiudarem-nas, até o meterem para ali, num canto, bode expiatório e armazém de pancadas.

Bento deixou de ser homem. Passou a coisa humana, triste molambo de carne pensante, tímida, apavorada; desprezado de todos, seu consolo único era o álcool, em cujo sopor vivia agora imerso.

Tal situação durou até a venda da besta. Aí explodiu. Quando entraram em casa os 260 mil-réis, mais a garrucha, Bento anunciou que ia aplicá-los num excelente negócio. Fartos de

---

[7] *Os que na barganha sabem lograr o parceiro ingênuo.*

excelentes negócios, os filhos opuseram-se. Ele havia que repartir o cobre.

Bento resistiu, retesando as vagas fibras da energia ainda restante em sua alma. Os filhos quebraram-lhe a cara com o cabo da garrucha e fugiram com o dinheiro.

Datou daí a cegueira do homem; do espancamento resultou traumatismo do nervo óptico e conseqüente catarata.

Bento passou a mendigo.

Viúvo que era, sem cão em casa, arranjou um cão, um porrete, um negrinho sarambé para guia e iniciou vida nova.

Como em Rio Manso não existissem cegos, todos se apiedaram dele. Davam-lhe roupas velhas, chapéus, mantimentos, dinheiro – afora consolações verbais.

Resultou disso que uma relativa abundância veio substituir-se à miséria de até então. Chapéus, possuía-os às dúzias, e de todos os formatos, inclusive cartola! Calças, paletós e coletes, às pilhas. Até fraques e uma formosa sobrecasaca de debrum vieram enriquecer-lhe o guarda-roupa.

Bento dizia:

– Deus dá nozes a quem não tem dentes. Agora que é um corpo só na casa, tanta roupa, até fraque...

Mas os filhos marotos cheiraram de longe a reviravolta da fortuna e bateu-lhes a pacuera do arrependimento. Hoje um, amanhã outro, vieram os três, cabisbaixos e humílimos, implorar perdão ao velho.

Que não perdoará um cego, inda mais pai? Bento perdoou-os e readmitiu-os em casa. A esmola sempre farta havia de dar para todos.

E deu. Nunca daí por diante faltou feijão à panela, nem roupa ao corpo, nem dinheirinho para o resto, inclusive cachaça e fumo.

Milagre! Aquele homem que de olhos perfeitos jamais conseguira coisa alguma na vida além do desprezo público e da pancada dos filhos, recebia agora provas de carinho, gozava certa consideração, fazia-se chefe da casa, respeitado, ouvido – e até temido!

Acostumou-se a mandar e a ser obedecido. E não o fizessem! E não o fizessem depressa! Sua mão, outrora tão frouxa, esmagava agora todas as resistências. Sua vontade encorpou, enrijou, deitou os galhos da veneta.

Até da viuvez se remendou o Bento. Surgiu logo uma parenta pobre que lhe escreveu propondo-se a morar com ele e cuidar da casa. Veio a mulher, arrumou-se, deu boa aparência de limpeza e ordem ao tugúrio da lambança e do desmazelo, fazendo coisa fina, que a toda gente causava pasmo.

Bento chegou a pensar na aquisição da casinha, e para isso foi apartando cobres.

Mais tarde, novo parente em petição de miséria veio achegar-se à sua sombra – um misantropo que lhe contava lorotas e lia capítulos do Bertoldo e da história de *Carlos Magno e os doze pares de França*.

Bento era fanático de Roldão e nunca admitiu que fosse lida a segunda parte do livro, em que Bernardo Del Carpio vence os doze pares.

– Mentira! Não venceu nada – dizia ele. – Veja se um Bernardo, seja donde diabo for, é lá capaz de agüentar uma só lambada da durindana de Roldão! Venceu coisa nenhuma...

Uma nuvem apenas toldava a paz da família restaurada. Bento bebia, e se errava a dose, sorvendo a mais um martelo que fosse, esquentava a cabeça. Aspectos da vida antiga vinham-lhe então à memória: o caso da besta, a cena da pancadaria, e Bento, com grande furor, apostrofava os filhos criminosos. Em seguida castigava-os. Corria os ferrolhos das portas e, chispando maldições tremendas, deslombava-os à cega.

Os filhos suportavam o tratamento sem a mínima reação. Mereciam-no e, além disso, era tão gostosa aquela vidinha esmolenga...

Foi por essas alturas que cheguei a Rio Manso, e o caso do Bento, que desde o primeiro dia me interessara à curiosidade, interessou-me depois à piedade.

Resolvi curá-lo.

Examinei-o e vi que cegara em virtude de catarata de origem traumática, sob forma de fácil remoção. A faca de De Graefe punha-o bom em três tempos.

Propus-lhe o tratamento.

– Deus que o abençoe! Que vontade tenho de ver de novo o sol! O sol, as cores, as gentes... Só quem perdeu a vista sabe o que valem os olhos. Esta noite sem-fim...

– Terá fim a tua, meu velho. O caso é simples e tenho a certeza de pôr-te sãozinho como dantes. Apronto-te um quarto em minha casa, donde só sairás curado.

– Deus o ouça! Sempre pensei em procurar curar-me. Mas não havia médico por aqui, era preciso ir longe, viagem cara... Se os "videntes" soubessem o que é a cegueira...

"Videntes"! Ele chamava videntes aos que enxergam...

– Pois está combinado. Amanhã cedo vais ao meu consultório e amanhã mesmo te opero. E verás de novo o sol, as flores, o céu...

A fisionomia do cego irradiava.

– Sabe o que mais desejo ver? – disse revirando nas órbitas os olhos branquicentos. – A cara dos meus filhos. Eram tão maus e são hoje tão bonzinhos...

No dia seguinte, cedo, preparada a ferramenta, fiquei à espera do meu homem.

Oito, nove horas, dez, onze e nada. Bento não aparecia.

– Geremário, já aprontou o quarto do cego?

– Não, senhor.

– Por quê? Não ordenei isso ontem?

Geremário sorriu maliciosamente.

– O homem não vem, seu doutor. Vai ver que não vem. Pois se a sorte dele é ser cego...

Revoltou-me aquele cinismo de opinião e ordenei-lhe com rispidez que cumprisse minhas ordens sem mais filosofias. E inda de vincos na testa saí de rumo à casa do Bento.

Encontrei-a fechada. Bati e ninguém me respondeu. Insistia nisso quando à janela do casebre fronteiro assomou a trunfa duma bodarrona em camisa.

– Pode dizer-me que fim levou a gente desta casa? – perguntei-lhe.

– Seu Bento? Seu Bento foi-se embora. Ali pelas dez da noite os filhos "vinheram" com um carro de boi e um recado seu.

– Meu?...

— Seu sim! Que o doutor mandou dizer que fosse já, já, por causa da operação — uma história comprida. Seu Bento trepou no carro, com aquela coruja que mora com ele, mais o leitor de livros, e as roupas, e o cachorro, e o negrinho, e a cacaria inteira. Até uma cartola desta altura levaram! Depois o carro seguiu por esse mundo afora. Os filhos consumiram com ele...

Fiquei parvo, inteiramente desnorteado de idéias.

A boda prosseguiu:

— Mas se ele só presta porque é cego... Se sarasse, toda a família afundava na miséria outra vez...

No meu primeiro ímpeto de dar queixa à polícia disparei para a casa do delegado. A meio caminho, porém, estava arrefecida essa inspiração e, ao chegar à delegacia, gelada de todo. Parei à porta. Vacilei.

Em seguida dei de ombros, convencido de que o Geremário tinha razão e tinha razão a boda, e os filhos do cego tinham razão, e todo mundo tem razão.

Polícia! A polícia viria romper ineptamente esse maravilhoso equilíbrio das coisas de que resulta a harmonia universal.

Rodei para casa.

Logo ao entrar apareceu-me o Geremário com ar de quem adivinhou tudo.

— Ponha o almoço — ordenei-lhe secamente.

— Sim, senhor. E... posso desarrumar o quarto do cego?

Olhei bem para ele, ainda irritado. Mas a irritação caiu logo. Que culpa tinha o Geremário de conhecer a vida melhor do que eu?

Humilhei-me e respondi apenas:

— Desarrume...

Marabá
1923

Bom tempo houve em que o romance era coisa de aviar com receitas à vista, qual faz o honesto boticário com os seus xaropes.

Quer trabuco histórico? Tome tanto de Herculano, tanto de Walter Scott, um pajem, um escudeiro e o que baste de Briolanjas, Urracas e Guterres.

Quer indianismo? Ponha duas arrobas de Alencar, uns laivos de Fenimore, pitadas de Chateaubriand, graúnas *quantum satis*, misture e mande.

Receitas para tudo. Para começo (fórmula Herculano): "Era por uma dessas tardes de verão em que o astro-rei etc., etc.".

E para fim (fórmula Alencar): "E a palmeira desapareceu no horizonte...".

Arrumado o cenário da natureza, surgia, lá em Portugal, um lidador com o seu espadagão, todo carapaçado de ferro e ereto no lombo de árdego morzelo; ou, aqui no Brasil, um cacique de feroz cadadura, todo arco, flechas e inúbias.

E vinha, ou uma castelã de olhos com cercadura de violetas, ou uma morena virgem nua, de pulseira na canela e mel nos lábios.

E não tardava um donzel trovadoresco que "cantava" a castelã, ou um guerreiro branco que fugia com a Iracema à garupa.

Depois, a escada de corda, o luar, os beijos – multiplicação da espécie à moda medieval; ou um sussurro na moita – multiplicação da espécie à moda natural.

A tantas o pai feroz descobria tudo e, à frente dos seus peões, voava à caça do sedutor em desabalada corrida, rebentando dúzias de corcéis; ou o cacique de rabos de arara na cabeça erguia as mãos para o céu de Tupã implorando vingança.

E Dom Bermudo, apanhando o trovador pirata, o objurgava em estilo de catedral, com a toledana erguida sobre sua cabeça:

– "Mentes pela gorja, perro infame!"

Ou o cacique, filando o guerreiro branco, o trazia para a taba ao som da inúbia e lá o assava em fogueira de pau-brasil; vingança tremenda, porém não maior que a de Dom Bermudo a fender o crânio do pajem e a arrancar-lhe o coração fumegante para depô-lo no regaço da castelã manchada.

E a moça desmaiava, e o leitor chorava e a obra recebia etiqueta de histórica, se passada unicamente entre Dons e Donas, ou de indianista, se na manipulação entravam ingredientes do empório Gonçalves Dias, Alencar & Cia.

Veio depois Zola com o seu naturalismo, e veio a psicologia e a preocupação da verdade, tudo por contágio da ciência que Darwin, Spencer e outros demônios derramaram no espírito humano.

Verdade, Verdade!... Que musa tirânica! Como fez mal aos romancistas – e como os *força* a ter talento!

Foram-se as receitas, os figurinos. Cada qual faça como entender, contanto que não discrepe do *veritas super omnia*, latim que em arte significa mentir com verossimilhança.

– Tudo isso para quê? – perguntará o leitor atônito.

É que trago nos miolos uma novela tão ao sabor antigo, tão fora da moda, que não me animo a impingi-la sem preâmbulo. E não é feia, não. Vem de Alencar, esse filho de alguma Sherazade aimoré, que a todos nós, na juventude, nos povoou a imaginação de lindas coisas inesquecíveis. E compõe-se de um guerreiro branco, duas virgens das selvas, caciques, danças guerreiras, fuga heróica etc.

Chama-se *Marabá* e principia assim:

Era por uma dessas noites enluaradas de verão, em que a natureza parece chovida de cinzas brancas.

Dorme a taba, e dorme a floresta circundante, sem sussurros de brisas, nem regorjeio de aves.

Só o urutau pia longe, e uma ou outra suindara perpassa, descrevendo vôos de veludo ao som dum *clu, clu, clu...* que ora se aproxima, ora se perde distante.

No centro do terreiro, atado a um poste da canjerana rija, o prisioneiro branco vela. Foi vencido em combate cruento, teve todos os seus homens trucidados e vai agora pagar com a vida o louco ousio de pisar terra aimoré. Será sacrificado pela manhã ao romper do sol, cabendo ao potente Anhembira, cacique invicto, a honra de fender-lhe o crânio com a ivirapema de pau-ferro. Seu corpo será destroçado pelas horrendas megeras da tribo, sua carne devorada pelos ferozes canibais.

O guerreiro branco rememora com melancolia o viver tão breve – sua meninice de ontem, o engajamento numa nau, a viagem por mar, as aventuras nas terras novas de Santa Cruz, norteadas pela desmedida ambição do ouro.

É louro e tem olhos azuis. Em suas veias corre o melhor sangue do reino. Seu avô caiu nas Índias, varado duma zagaia cingalesa; seu pai, nos sertões inóspitos dos Brasis, acabou na paralisia do curare que seta fatal lhe inoculou.

Chegara a vez do mal-aventurado rebento último dessa estirpe de heróis...

Em redor, guerreiros cor de bronze, exaustos da dança e bêbados de cauim, jazem estirados, as mãos soltas dos tacapes terríveis. Também dormita o velho pajé, de cócoras rente à ocara, com o maracá em silêncio ao lado.

Que mais? Sim, a lua... A lua que no alto passeia o seu crescente.

Súbito, um vulto se destaca de moita vizinha e aproxima-se cauteloso, com pés sutis de corça arisca.

É Iná, a mais formosa virgem das selvas, oriunda do sangue cacical de Anhembira, o Morde-corações.

A virgem caminha em direção do prisioneiro. Pára-lhe defronte e por instantes o contempla, como presa de indecisas idéias.

Por fim decide-se e, ligeira como a irara, desfaz os nós da muçurana fatal e dá de beber ao guerreiro branco o trago de cauim desentorpecedor dos músculos adormentados. Em seguida mira-o a furto nos olhos, perturbada, e num gesto indica-lhe a mata, sussurrando em língua da terra:

– Foge!

O guerreiro branco vacila. Não conhece a mata, que é imensa, e teme encontrar em seu seio morte mais cruel que a pelo tacape de Anhembira.

Iná compreende o seu enleio e, tomando-lhe a mão, leva-o consigo; conhece a mata a palmo e sabe o caminho de pô-lo a seguro em sítio até onde não ousa alongar-se a gente aimoré.

A noite inteira caminham, e só quando um grande rio de águas negras lhes tranca o passo é que a virgem morena se detém. Aponta o rio ao moço guerreiro e nesse gesto diz que está finda a sua missão, pois que o rio leva ao mar e o mar é o caminho dos guerreiros brancos.

O moço tem o peito a estourar de gratidão e amor, e como não pode significá-los com palavras lusas, recorre ao esperanto da natureza: abraça a virgem morena, beija-a e, a céu aberto, ao som múrmuro das águas eternas, louco de paixão, a possui.

Reticências.

Ao romper da madrugada:

– É a cotovia que canta!... – diz ela.

– Não; é o rouxinol – retruca Romeu.

– É a cotovia...

– É o rouxinol...

Vence a cotovia. O moço beija-a pela última vez e parte. Não esquece, porém, de enfiar no dedo de Julieta um anel – jóia indispensável ao desfecho da nossa tragédia.

PRIMEIRO ATO

A tribo está apreensiva. As velhas murmuram e o pajé inquieta-se.

– Marabá! – sussurram todos.

Castigo de Tupã? Sinal do céu que marca o termo da glória de Anhembira, o chefe da tribo?

Uma criança nascera ali, de olhos azuis e loura, evidentemente marabá. E nascera de Iná, a virgem bronzeada em cujas veias corre o sangue do grande morubixaba.

Traição!

A mãe mentira à raça, e do contato com o estrangeiro invasor, cruel inimigo que do seio do mar surgiu para desgraça do povo americano, teve aquela filha. O louro dos cabelos, o azul dos olhos, a alvura da pele denunciavam claramente o imperdoável crime.

– Marabá! – sussurram todos.

E um vago terror espalha-se pela tribo.

O pajé reúne em concílio os velhos para decidirem sobre o gravíssimo caso. E após longas ponderações a assembléia resolve o sacrifício da pequena marabá, em holocausto aos manes irritados da tribo.

Levam a sentença ao cacique, que é pai, mas que antes de pai é o Chefe, o inexorável guardião da Lei velha como o tempo.

Anhembira cerra o sobrecenho, baixa a cabeça e queda-se imóvel como a própria estátua da dor.

Entre parêntesis.

Uma coisa me espanta: que haja inda hoje, nestes nossos atropelados dias modernos, quem *escreva* romances! E quem os *leia*!...

Conduzir por trezentas páginas a fio um enredo, que estafa!

Nada disso. Sejamos da época. A época é apressada, automobilística, aviatória, cinematográfica, e esta minha *Marabá*, no andamento em que começou, não chegaria nunca ao epílogo.

Abreviemo-la, pois, transformando-a em entrecho de filme. Vantagem tríplice: não maçará o pobre do leitor, não comerá o escasso tempo do autor e ainda pode ser que acabe filmada, quando tivermos por cá miolo e ânimo para concorrer com a Fox ou a Paramount.

Vá daqui para diante a cem quilômetros por hora, dividida em *quadros* e *letreiros*.

QUADRO

Enquanto Anhembira, de cabeça derrubada sobre o peito, medita sobre a sentença que condenou a criança loura, uma índia velha corre a avisar Iná.

Iná é mãe e as mães não vacilam. Toma a filhinha nos braços e foge para as selvas...

QUADRO

Lindo cenário. Trecho de mata virgem trancado de cipoeira, trançado de taquaruçus. Vê-se à direita um velho tronco de enorme jequitibá ocado. É nesse oco que mora a menina loura de olhos azuis. A mãe ajeitou-o para esconderijo seguro; tapetou-o de musgos macios; fez dele um ninho de meter inveja às aves.

Ali dorme o lindo anjo, filho do amor a céu aberto. Ali recebe a mãe inquieta, que de fuga lhe traz o seio nutriz. De fuga, pois a tribo ignora o estratagema e está certa de que a filha de Anhembira arrojou ao abismo das águas o fruto maldito do seu ventre.

LETREIRO

Marabá cresceu no sombrio da mata, como a ninfa mimosa do ermo. Iná ensinou-lhe a vida e deu-lhe armas com que abatesse as aves que piam no subosque, e a caça ligeira que entoca, e os peixes faiscantes que se alapam nas pedras.

QUADRO

Marabá despede-se de sua mãe.

Já pode viver por si e quer seguir para ermos distantes onde não chegue o som das inúbias de Anhembira – lá onde o rio é como um deus irrequieto que ora escabuja nas fragas, ora brinca com as pétalas mortas remoinhantes em seus remansos.

Iná despede-se da filha e, repetindo o gesto do guerreiro branco, põe-lhe no dedo o anel de núpcias.

QUADRO

A vida solitária de Marabá. Seu namoro com o rio. Nele banha-se e mergulha e nada, com a linda coma loura flutuante, e nele mira seus olhos feitos de pedaços do céu.

É seu amante, é seu deus o rio eterno. É o ser vivo em cuja companhia refoge à depressão do ermo absoluto.

LETREIRO

Em Marabá confluem duas psíquicas – a da terra, herdada de sua mãe, e a do moço louro vindo de além-mar, duma plaga distante que em sonhos indecisos sua alma em botão adivinha.

QUADRO

Mas pouco cisma, a linda Marabá. O tempo lhe é escasso para a delirante vida de ninfa que é o seu viver ali.

Ora perde a manhã inteira na perseguição do gamo que veio beber ao rio; ora galga a pedranceira em prodígios de arrojo para colher uma flor que se abriu no mais alto da penha.

Persegue borboletas – e que quadro é vê-la no campo, veloz como a gazela, a loura cabeleira solta ao vento!

Sua nudez de virgem esplende em fulgor de escultura divina. Deus a esculpiu – e escultor nenhum jamais concebeu corpo assim, de linhas mais puras, seios mais firmes, ancas mais esgalgas, braços de torneio mais fino.

Tem a nudez divina, Marabá – porque existe a nudez humana: das criaturas que convivem entre humanos e sofrem todos os vincos da humanidade.

Marabá não viciou sua nudez no contato humano; é nua como é nu o lírio – sem saber que o é.

Mas é mulher. Adivinha de instinto que as flores fê-las Deus para a mulher, e colhe-as, e tece-as em guirlandas, e com elas enfeita os cabelos e o colo e a cintura. E assim, toda flores, mira-se no espelho das águas e sorri. E porque sorri, logo salta, alegre, e dança. E porque dança, anima as selvas da luz maravilhosa que os helenos ensinaram ao mundo.

Súbito, um rumor fá-la estacar. A filha de Dionísio se apaga e surge Diana. Ei-la de arco em punho, em louca desabalada, na pista do cervo incauto que lhe interrompeu a bela improvização coreográfica.

Quem lhe ensinou a dançar?

Tudo. O sangue estuante em suas veias, o vento que agita a fronde das jiçaras, o remoinho das águas, as aves. Viu dançarem os tangarás, um dia, e desde esse momento sua vida é uma contínua e maravilhosa criação em que a alma da terra americana se exsolve em movimentos rítmicos.

Sempre mulher, Marabá amansou uma veadinha de leite e tem-na consigo como inseparável companheira, dócil às suas expansões de carinho. Com a pequena corça brinca horas a fio, e abraça-a, e beija-a no mimoso focinho róseo.

Que festa a vida de Marabá!

Ninguém a vence em riquezas. Ouro, dá-lhe o sol às catadupas, e todo só para ela. Perfume, não em frascos microscópicos o tem, mas ambiente, perenal; as flores só exalam para ela, e todas as brisas se ocupam em trazê-lo de longe, tomado da corola das orquídeas mais raras.

E as abelhas ofertam-lhe o mel puríssimo; e os ingazeiros de beira-rio dão-lhe a nívea polpa dos seus frutos invaginados; e cem árvores da floresta parecem precipitar a maturescência de suas bagas rubras, roxas, verdoengas, para que mais cedo os alvos dentes da ninfa as mordam com delícia.

E os dias de Marabá são assim um delírio de luz, de perfumes, de movimentos sadios e livres, capaz de enlouquecer a imaginação dos pobres seres chamados homens, que vivem em prisões chamadas cidades, dentro de gaiolas chamadas casas, com poeira para os pulmões em vez de ar, catinga de gasolina em vez de vida...

NOTA A MR. CECIL B. DE MILLE

Este papel de Marabá tem que ser feito por Annette Kellermann. Como, porém, Annette já está madura e Marabá é o que existe de mais botão, torna-se preciso inventar um processo que rejuvenesça de trinta anos a intérprete.

QUADRO

Um dia, um caçador tresmalhado surpreende a ninfa no banho.

É Ipojuca, o filho dileto de Anhembira e seu sucessor no cacicado. Três dias e três noites correu ele em perseguição de um jaguar; mas no momento em que dobrava o arco para desferir a flecha certeira, descaiu-lhe das mãos a arma e seus olhos se dilataram de assombro.

O corpo nu da virgem loura emergira das águas à sua frente.

– Iara?

No primeiro momento o medo sobressaltou-o – mas o sangue de Anhembira reagiu em suas veias, e não seria o filho do guerreiro que jamais conheceu o medo quem tremesse diante de mulher, Iara que fosse.

E Ipojuca imobilizou-se à margem do rio, em muda contemplação, até que a ninfa, percebendo-o, fugisse para o lado oposto, mais arisca do que a tabarana.

Ipojuca atravessou o rio e logo mergulhou na floresta, em sua perseguição.

Jamais as ninfas venceram a faunos na corrida. Foi assim na Grécia; seria assim sob o céu de Colombo. O filho do cacique alcançou-a. Seu braço de ferro enlaçou-a; suas mãos potentes quebraram-lhe a resistência e dobraram-lhe a cabeça loura para o beijo de núpcias.

Mas a virgem vencida abriu para o macho vitorioso os grandes olhos azuis e, encarando-o a fito, murmurou a tremenda palavra que afasta:

– Sou marabá!

Ipojuca estarrece, como fulminado pelo raio, e deixa que a presa loura fuja para o recesso das selvas.

QUADRO

Ipojuca, o vencedor vencido, caminha de cabeça baixa, absorto em sonhos. Vai de regresso à taba. O jaguar que tinha perseguido cruza-se-lhe à frente. Ipojuca não o vê. A seta que lhe destinara cravou-lha Eros no coração.

QUADRO

Na taba, Ipojuca, desde que regressou, vive arredio. Pensa. A cabeça lhe estala. Travam-se de razões seu cérebro e seu coração – o dever de solidariedade para com a tribo e o amor. Um impõe-lhe o desprezo da criatura maldita; outro pede-a para o beijo.

LETREIRO

Vence Amor – o eterno vencedor, e Ipojuca volta ao ermo em procura de Marabá.

QUADRO

A virgem loura, desde o encontro fatal, perdida tem a sua serenidade de lírio.
Cisma.
Horas e horas passa imóvel, com o olhar absorto. Sua veadinha ao lado inutilmente espera as carícias de sempre. Marabá não a vê. Marabá esqueceu-a. Como esqueceu as borboletas amarelas que douram o úmido em redor da laje onde jaz reclinada. Como não vê o casal de martins-pescadores que a três passos a espiam curiosos.
Marabá só vê o guerreiro de pele bronzeada que a subjugou com o braço potente, que lhe premiu com violência a carne virgem, que lhe derramou na alma um veneno mortal.
Marabá só vê o seu guerreiro.
Vê-lhe o vulto ereto, firme e forte como os penedos. Vê-lhe a musculatura mais rija que o tronco da peroba. Vê o fogo que seus olhos chispam.
E com tamanha nitidez o vê que para ele estende os braços, amorosamente.
E Ipojuca, pois era Ipojuca em pessoa e não sua sombra o que ela via, cai-lhe nos braços e esmaga-lhe nos lábios o primeiro beijo.

QUADRO

Idílio. Marabá espera o seu guerreiro no alto de uma canjerana.
Ipojuca chega, procura-a, chama-a, aflito.
A resposta é um punhado de bagas rubras que a virgem lhe lança da fronde.
Ágil como o gorila, Ipojuca abarca o tronco da canjerana e marinha galhos acima.
Ao ser alcançada, Marabá despenha-se no rio e mergulha.
Susto do índio, logo seguido de alegria ao vê-la emergir além. Lança-se à água, persegue-a – e são dois peixes de pasmosa agilidade que brincam.
Agarra-a – e a luta finda-se na doce quebreira dos beijos.

QUADRO

Moema, a formosa virgem por Anhembira destinada para esposa de Ipojuca, desconfia dos modos de seu noivo. Aquelas contínuas ausências, aquele incessant cismar, seu alheamento a tudo, dizem-lhe com clareza que uma rival se interpõe entre ambos.
E, como desconfia, segue-o cautelosa. E tudo descobre, pois alcança o rio onde, o coração varado de crudelíssima flecha, assiste, oculta em propícia moita, às expansões amorosas dos ternos amantes. Adivinha quem é a rival, pois que ainda tem vivo na memória o caso da marabazinha misteriosamente desaparecida.

QUADRO

Moema regressa à tribo e, sequiosa de vingança, denuncia ao pajé o esconderijo da virgem maldita.
O velho reúne os guerreiros, arenga-os, incita-os à vingança antes que volte Anhembira, alongado numa expedição de vindita contra os brancos invasores. Receia que o cacique perdoe à neta, movido pelas lágrimas da velha Iná.

QUADRO

Os guerreiros em marcha para a vingança.

QUADRO

Surpreendidos pelos índios, os amantes fogem rio abaixo numa piroga. (É difícil explicar o aparecimento desta providencial piroga, mas não impossível. Derivou rio abaixo, por exemplo, e ali ficou enredada numa tranqueira. Não esquecer de introduzir num dos quadros anteriores um *close-up* da piroga.)
Os índios metem-se em outras pirogas. (Mais pirogas! É que não derivou uma só, sim várias...) E remam com fúria na esteira dos fugitivos.

QUADRO

Continua a perseguição. Não há flechaços, para evitar-se o perigo de ferir-se Ipojuca. Perseguição silenciosa, à força de remos que estalam.

QUADRO

A noite vem e a regata continua ao luar.

QUADRO

E descem os fugitivos até que, de súbito, dão de cara com um fortim português.

LETREIRO

Entre dois fogos!

QUADRO

Os remos caem das mãos de Ipojuca. Marabá aninha-se-lhe ao peito rijo, indiferente à morte – que nada há mais suave do que acabar assim, a dois, em pleno apogeu do delírio do amor.

QUADRO

Os índios perseguidores ganham terreno. São avistados pelos portugueses, que logo acodem com os seus trabucos de boca-de-sino e abrem fuzilaria.

QUADRO

Os perseguidores fogem desordenadamente. Ipojuca, ferido no peito, é aprisionado juntamente com Marabá.

QUADRO

Na praia, ao lado do seu arco, Ipojuca estorce-se nas dores da agonia, enquanto Marabá é levada à presença do capitão do forte, que demora um minuto para apresentar-se.

QUADRO

Rodeiam-na os lusos e admiram-lhe a beleza do tipo europeu.
Nisto o capitão do fortim aparece.
Interroga-a; examina-a cheio de pasmo, como que tomado de vagos pressentimentos.
Marabá tem o anel que Iná lhe deu.
O capitão examina-o e, assombrado, o reconhece.
– Minha filha! – exclama.
E numa delirante explosão de amor paterno abraça-a e beija-a com frenesi.

QUADRO

Ipojuca, a distância, estorce-se na agonia. Vê a cena e, sem compreender o que se passa, julga que o capitão, como um sátiro, rouba-lhe a amante querida. Reúne as últimas forças, toma do arco, ajusta uma flecha e despede-a contra Marabá.

QUADRO

A flecha crava-se no peito da virgem loura, que desfalece e morre nos braços do pai atônito, enquanto na praia o heróico Ipojuca exala o derradeiro suspiro, murmurando:

LETREIRO

– *Minha ou de ninguém!*

(Acendem-se as luzes e enxugam-se as lágrimas.)

Fatia de vida
1923

Não era homem querido, o doutor Bonifácio Torres. Não era querido pela ponderosa razão de pensar com sua própria cabeça. Para ser querido é força pensar como toda gente.

"Toda gente!"

Moloch social cujos mandamentos havemos de seguir de cabecinha baixa, sob pena dos mais engenhosos castigos. Um deles: incidir na pecha de esquisitice.

"É um esquisitão."

Inútil dizer mais. O homem marcado vê-se logo posto de través e à margem, como o leproso. Torna-se um indesejável. É um suspeito. Haja meio e eliminam-no do grêmio como a um corpo estranho, de malsão convívio.

Assombramo-nos ao recordar os crimes de grupo que enchem a história – Santo Ofício, guerras, matanças religiosas. Transportados à época vemos que o progredir humano não passa da consolidação das vitórias do "esquisitão" sobre "Toda gente".

"Toda gente" não tolerava dúvidas sobre a fixidez da Terra. Vem um esquisitão e diz: A Terra move-se em redor do Sol. "Toda gente", por intermédio de seus representantes legais, agarra o velho pelo gasnete e força-o a retratar-se.

– Renega a heresia, infame, ou asso-te já na fogueira!

Galileu baixou a cabeça encanecida e abjurou. E a Terra, que começara a girar em torno ao Sol, teve que mudar de política e imobilizar-se por muito tempo ainda. Hoje roda livremente. O monstro deu-lhe essa liberdade...

Como se vê, apesar da guerra que "Toda gente" move aos esquisitões as idéias destes influenciam e aos poucos transformam a mentalidade do Moloch. No começo o monstro encarcera, esquarteja, empala, sufoca. Depois volta atrás, medita e murmura: "Ele tinha razão!", e adere com a maior inocência.

"Toda gente" tem hoje a caridade como dogma infalível, e por esse motivo encarou com assombro o doutor Bonifácio quando o esquisitão sorriu a uma frase nédia e lisa do cônego Eusébio. O cônego Eusébio, conspícuo representante legal do Moloch, dissera no tom solene dos que monopolizam a verdade sobre o orbe:

– Não há virtude mais sublime. Só ela tem forças para resolver a questão social. Aquele movimento belíssimo durante a epidemia da gripe em São Paulo – que réplica de escachar o espírito que nega! Todos à urna, governos, matronas, meninas, associações, todos empenhados em lenir o sofrimento dos pobres, como que a derramar Deus nos corações!...

O doutor Bonifácio sorrira e o padre olhara-o de revés, com saudades, quem sabe, do bem-aventurado tempo em que sorrisos assim recebiam a réplica do fogo pio.

– Sorri-se o herege? – interpelou o padre. – Nega até a caridade?

– Não nego – respondeu mansamente o filósofo –, porque não nego nem afirmo coisa nenhuma. Negam e afirmam os atores, os que se agitam no palco da vida. Eu tenho meu lugar na platéia e, como não represento, observo. E como observo, sorrio – sorrio para não chorar...

– Seja mais claro.

– Serei. Quando o reverendo se abriu em louvores à caridade, não desfiz nessa cristianíssima virtude. Apenas me lembrei de certo drama a que assisti – e, repito, sorri para não chorar...

Depois de breve pausa de interrogativa expectação o doutor Bonifácio principiou.

– Isaura, a minha lavadeira...

As anedotas têm força de ímã. Vários curiosos aproximaram-se e ficaram a ouvir.

– Minha lavadeira, como todas as lavadeiras, era uma pobre mulher de incomparável heroísmo, desse que os épicos não cantam, o Estado não recompensa e ninguém sequer observa. Para mim, entretanto, é a forma nobre por excelência do heroísmo – a luta silenciosa contra a miséria.

– Que esquisitice!

– Porque é heroísmo ininterrupto, sem tréguas – continuou o doutor Bonifácio –, sem momento de repouso e, além disso, sem nenhuma esperança de qualquer espécie de paga.

– Vamos ao caso...

– Viúva com quatro filhos, a heróica Isaura matava-se no trabalho incessante. Aquelas mãos vermelhas e curtidas... Aqueles braços requeimados... Que máquinas! Era do movimento deles que vinha o sustento da casa. Parassem, repousassem – e a Fome, esquálida megera que ronda os bairros pobres, meter-se-ia portas adentro...

– Romantismo... "Esquálida megera"...

– No primeiro sábado da Grande Gripe, Isaura, minha pontualíssima lavadeira, não me apareceu como de costume com a sua bandeja de roupa lavada. Em lugar dela veio uma vizinha.

– "A Isaura? – perguntei-lhe.

– Anda às voltas com os filhos. Deu lá a 'espanhola' e a pobre está que está numa roda-viva.

– Hei de ir vê-la, coitada...

– É caridade, senhor. A pobre é bem capaz de endoidecer..."

Não fui. Impediu-mo a própria gripe, cujos primeiros sintomas nesse mesmo dia comecei a sentir. Passei de molho três semanas e quando me levantei, e me preparava para ir ver Isaura, eis que ela me reaparece em pessoa.

Em que estado, porém! Envelhecera vinte anos, tinha os cabelos brancos, os olhos no fundo, o ar de uma coisa vencida pelo destino. E tossia.

– "Sente-se e conte-me tudo."

Sentou-se e, sem derramar uma só lágrima, pois já as chorara todas, narrou-me a sua tragédia.

Tinha em casa uma filha de 18 anos, que trabalhava na costura; outra de 16, que a ajudava na lavagem; um filho de 15, entregador de roupa, e mais uma netinha de 6 anos, órfã.

A gripe apanhou-os a todos e a ela também. Mas a pobre criatura não soube disso, não o notou. Como perceber que estava doente se suas faculdades eram poucas para atentar nos filhos? E lá sarou de pé, sem um remédio. E como ela também sarariam os filhos todos se...

O doutor Bonifácio voltou-se para o cônego.

– ... se a caridade não interviesse...

– Já sei onde quer bater – exclamou o cônego. – Mas cumpre notar que quando falo de caridade não me refiro à assistência pública, nem sequer à filantropia. Falo da caridade sentimento, da caridade virtude cristã – concluiu baforando o cigarro, alegre, com ar de quem cortou vazas.

O doutor Bonifácio prosseguiu:

– ... se a caridade sentimento não sobrevivesse por intermédio do coração bondoso de uma vizinha. Esta vizinha, compadecida daquele angustioso transe, telefonou a um posto médico narrando o caso e pedindo assistência. A ambulância veio justamente durante a ausência da Isaura, que saíra a compras, e levou-lhe todos os filhos para o Hospital da Imigração.

Corriam boatos apavorantes a respeito deste hospital improvisado, onde – murmuravam – só se recebiam os pobres bem pobres e o tratamento era o que devia ser, porque pobre bem pobre não é bem gente. De modo que nada apavorava tanto o povinho miúdo como ir para a Imigração.

Assim, ao voltar da rua e saber do acontecido Isaura estarreceu. Foi como se o próprio inferno houvesse aberto as goelas e engolido os adorados doentes. Quem zelaria por eles? Sozinhas no meio de desconhecidos, de enfermeiros mercenários, que seria das pobres crianças?

Correu para aqueles lados, inquirindo às tontas: "A Imigração? Onde fica a Imigração?" "É por aqui." "Dobre à direita." "É lá naquela casa grande", informavam-na pelo caminho.

Chegou. Bateu. Esperou à porta um tempo enorme. Entravam e saíam pessoas apressadas, médicos, ajudantes, homens de avental. "Não é comigo", diziam. "Espere." "Bata outra vez."

Afinal, uma alma caridosa...

– Ca-ri-do-sa – repetiu o cônego, sorrindo.

– ... uma alma caridosa apareceu e deu-lhe a informação pedida. Os filhos estavam lá, mais a netinha. A de 16 anos, porém, atacada de tifo.

– "Tifo?!" – exclamou, alanceada, a pobre mãe.

A alma caridosa enterrou mais fundo o punhal:

– "Sim, tifo, e do bravo".

A mulher já não ouvia. De olhos esbugalhados, como fora de si, repetia a esmo a palavra tremenda – "Tifo!" Conhecia-o muito bem. Fora a doença malvada que lhe arrebatara o marido.

– "Quero vê-la, quero ver minha filha!..."

– "Impossível!"

Isaura lutou, insistiu.

Inútil.

A porta fechou-se com chave e a pobre mulher se viu despejada na rua.

Andou muito tempo à toa, como ébria, sem destino. "Olha a louca!", gritavam os moleques. E parecia mesmo, se não louca, pelo menos aluada.

Súbito Isaura resolveu-se. Havia de ver os filhos. Era mãe. "São meus, o mundo nada tem com eles. Eu os tive, eu os criei, só eu os quero no mundo. São tudo para mim. Como gentes estranhas me roubam assim os filhos, me impedem que eu, mãe, os veja? Nem ver, apenas ver? Oh, isso é demais."

Havia de vê-los.

Galvanizada pela resolução, Isaura correu a implorar socorro de um homem influente cuja roupa lavava.

O influente deu-lhe uma carta. "Vá com isto que as portas se abrem."

Nova corrida ao hospital. Nova espera angustiosa. Por fim a mesma alma caridosa...

O doutor Bonifácio entreparou, olhando para o sacerdote. E, como desta vez ele silenciasse, prosseguiu:

– Por fim a alma caridosa reapareceu e disse à desolada mãe:

– "Posso ir lá dentro saber de seus filhos, mas deixá-la entrar, não!

– E a carta?

– Inútil. É expressamente proibido.
– Pois dê-me notícias de meus filhos, então."

A alma caridosa foi saber dos doentinhos e a triste mãe, embrulhada em seu xale humilde, ficou a um canto, esperando. Minutos depois reaparecia a alma caridosa.

– "Olhe, sua filha morreu.
– Morr..."

E os olhos da miseranda mãe exorbitaram, seus dedos se crisparam...

– "Morreu!... Mas qual delas?
– Uma delas.
– Mas qual? Qual?..."

Já eram gritos lancinantes que lhe saíam da boca. A alma caridosa fechou a porta e sumiu-se...

O infinito desespero de Isaura nessa noite em casa, a revolver-se na cama, a remorder o travesseiro... "Qual? Qual das minhas filhas morreu?..." A dor requintava-se ante a incerteza. "Seria a Inesinha? Seria a Marietinha?" E o cérebro lhe estalava na ânsia de adivinhar. "Qual delas, meu Deus?"

São dores que a palavra não diz. Imagina-as a imaginação de cada um. Adiante.

No outro dia a mulher correu de novo ao hospital. Repete-se a mesma cena – a ansiosa espera de sempre, os pedidos com lágrimas a saltarem dos olhos. O ambiente é o mesmo – de indiferença geral. Só não há indiferença na alma caridosa, que reaparece e pergunta:

– "Que quer de novo, santinha?
– Meus filhos... saber...
– Seus filhos? Não estão mais aqui. Foram removidos para o hospital do Isolamento, os dois.
– Os dois?!...
– Os dois, sim, porque a mais pequena também morreu.
– A minha netinha morreu?!...
– Coragem, minha velha, a vida é isto mesmo."

E a porta fechou-se pela última vez.

As três ou quatro pessoas reunidas em torno do doutor Bonifácio ansiavam pelo final da história. "E depois?", era a sugestão de todos os olhos.

O doutor Bonifácio prosseguiu:

– Depois? Depois a gripe declinou, a normalidade foi se restabelecendo e os dois filhos restantes voltaram à casa materna. Em que estado! O menino, semimorto, cadavérico, e a Inês (só ao vê-la chegar soube Isaura qual das duas morrera) e a Inês com uma tosse de tuberculosa. E ali ficaram, destroços de horrível naufrágio, aqueles três miseráveis molambos de vida, sob a assistência da negra enfermeira – a Fome. Continuaram a viver, sem saber como, por instinto – num desvario, numa alucinação...

Da última vez que vi a pobre Isaura, disse-me ela, entre dois acessos de tosse:

– Tudo porque me levaram de casa os filhos. Se ficassem nada lhes teria acontecido. A nossa vizinha, tão boa, coitada, quis fazer o bem e fez a nossa desgraça. É um perigo ser muito bom...

O doutor Bonifácio calou-se. O cônego não achou que fosse caso de comentar. A roda dissolveu-se em silêncio.

A morte do Camicego
1919

Foi o Edgard quem "lançou" esse monstro. O Camicego era para sua imaginação de 4 anos um "bicho malvado", grande como o guarda-louça. Depois foi crescendo, chegou a ficar do tamanho do morro.

Morávamos na fazenda, num casarão rodeado de morros, e ser grande como o morro avistado da "porta da rua" era algo sério...

Comia gente o Camicego, e tinha um bico *assim*! Este *assim* não era explicado com palavras, mas figurado numa careta de lábios abrochados em bico e olhos esbugalhados.

Com tão gentil focinho, não devia ser má rês o monstro – pensava a "gente grande" que, de passagem, via o Edgard refranzir os beicinhos naquela onomatopéia muscular. Mas para os nervosos 5 anos de sua irmã, a Marta, era de crer que fosse horrendo, tal o ríctus de pavor com que, enfitando a macaquice do irmão, instintivamente lhe arremedava o muxoxo.

E todas as noites, na rede da sala de jantar, ficavam os dois absorvidos no caso do Camicego – ele a desfiar as proezas incontáveis do monstro, ela a interrompê-lo com perguntas.

– E come gente?

(Preocupava à Marta, sempre que se lhe antolhava algo desconhecido, visto pela primeira vez – um besourão, um lagarto, uma coruja –, saber o grau de antropofagia da novidade. Para ela o mundo se dividia em duas classes: a dos seres bons, que não comem gente, e a dos maus, que comem gente.)

— Come sim! — inventava o Edgard. — Pois não sabe que comeu o filhinho da Mariana no dia da chuvarada?

Marta volvia os olhos sonhadores para a paisagem enquadrada na janela e quedava-se a cismar...

Nisto vinha para a rede um terceiro, o Guilherme, cujos 2 anos e pico o traziam ainda muito amodorrado de imaginativa. Ouvia as histórias mas não se impressionava coisa nenhuma, e no meio da papagueada hoffmânica saltava ao chão e pedia coisa mais positiva – o pão-de-ló, o bolinho de milho, a gulodice qualquer do dia, entrevista no armário.

E a história continuava a dois, sempre na rede, onde eles se balançavam isócronos como dois ponteiros de metrônomo – sempre entremeada das perguntas da menina, futura leitora de Wallace e cabalmente dilucidada pelo Edgard, um Wells em embrião.

— E onde mora o Camicego?

No quarto escuro, no porão, debaixo da cama, no buraco do forno, naquele barranco onde caiu a vaca pintada – o Edgard encontrava incontinênti uma dúzia de biocos tenebrosos onde encafuar a sua criação.

Às vezes brincavam de casinha na sala de visitas, um grande salão sempre mergulhado em penumbra. Sob o sofá antigo, de canela-preta, armavam com álbuns de música e almofadas a casinha da Irene, a grande boneca de louça sem uma perna.

Que maravilhosa mobília tinha a casa da Irene! Coloridos cacos de tigela figuravam de suntuosa porcelana. Havia travessas e sopeiras "de mentira". Em torno sentavam-se sabugos de milho representando as grandes personagens da fazenda – Anastácia, a cozinheira; Esaú, o preto tirador de leite; Leôncio, o domador. Quando comparecia à mesa este herói, não deixava de figurar também, solidamente amarrado a um pé de cadeira, o último animal que ele amansara. Este último animal era sempre o mesmo chuchu com quatro palitos à guisa de pernas, uma pena de galinha como cauda e três caroços de feijão figurando boca e olhos – sugestiva escultura da cozinheira que aquelas crianças prefeririam aos mais bem-feitos cavalinhos de pau vindos da cidade.

Assim brincavam horas, até que, de súbito, farto já, o Edgard apontava para um canto da sala, onde eram mais intensas as sombras, e berrava com cara de terror:

– O Camicego!

Debandavam todos em grita, tomados de pânico, rumo à sala de jantar, a rirem-se do susto.

Um dia apareceu no quintal um grande morcego moribundo, de asas rotas por uma vassourada da copeira.

O Edgard foi quem o descobriu; trouxe-o para dentro e sem vacilar o identificou:

– O Camicego!

Reuniram-se os três em torno do monstro, em demorada contemplação: a menina mais arredada, no instintivo asco da sua sensibilidade feminil; o Guilherme espichado de barriga, o rosto moreno apoiado nas duas mãos; o Edgard pegando sem nojo nenhum no bicharoco, estirando-lhe as asas em gomos de guarda-chuva, abrindo-lhe a boca para mostrar a serrilha dos alvos dentinhos. E explicava petas a respeito.

– E este Camicego também come gente? – perguntou a menina.

– Boba! Pois não vê que é um coitado que nem come esta palhinha? – e Edgard enfiou uma palha goela adentro do bicho já morto.

Nesse momento "gente grande" apareceu na sala e pilhou-os na "porcaria", e com ralhos ásperos dispersou o bando, pondo termo à lição anatômica.

O morcego, pegado com asco pela pontinha da asa, lá voou por cima do muro, pinchado, e xingado – "... esta imundície..."

Mas de nada valeu a energia. O improvisado necrotério transferiu-se ali da sala para detrás do muro, à sombra de uma laranjeira onde caíra o morcego. O Edgard, com uma faca de mesa, procurava abrir a barriga do "porco" para ver o que tinha dentro. Depois teve uma grande idéia: fazer sabão da barrigada!

A faca, porém, não cortava aquelas pelancas moles e rijas, o "porco" fugia à direita e à esquerda, e assim foi até que a Anastácia, de passagem para a horta em busca de coentro, pilhou-os de novo na "porcaria".

– Cambadinha! Vou já contar pra mamãe!...

Nova dispersão do grupo, e vôo final da nojenta pelanca do vampiro, que desta vez foi parar em poleiro inacessível – em cima do telhado.

Datou daí a morte do Camicego. Não amedrontava mais.

Se Edgard o relembrava, os outros riam-se, porque a imaginação dos guris passara a encarnar o monstro na figura triste do pobre morcego morto, a estorricar-se ao sol no telhado.

Os homens, crianças grandes, não procedem de outra maneira. Os seus mais temerosos Camicegos saem-lhes morcegos relíssimos, sempre que uma boa vassourada da crítica os pespega para cima da mesa anatômica...

Bibliografia selecionada sobre Monteiro Lobato

DE JECA A MACUNAÍMA: MONTEIRO LOBATO E O MODERNISMO, de Vasda Bonafini Landers. Editora Civilização Brasileira, 1988.

JUCA E JOYCE: MEMÓRIAS DA NETA DE MONTEIRO LOBATO, de Marcia Camargos. Editora Moderna, 2007.

MONTEIRO LOBATO: INTELECTUAL, EMPRESÁRIO, EDITOR, de Alice M. Koshiyama. Edusp, 2006.

MONTEIRO LOBATO: FURACÃO NA BOTOCÚNDIA, de Carmen Lucia de Azevedo, Marcia Camargos e Vladimir Sacchetta. Editora Senac São Paulo, 1997.

MONTEIRO LOBATO: VIDA E OBRA, de Edgard Cavalheiro. Companhia Editora Nacional, 1956.

MONTEIRO LOBATO: UM BRASILEIRO SOB MEDIDA, de Marisa Lajolo. Editora Moderna, 2000.

NA TRILHA DO JECA: MONTEIRO LOBATO E A FORMAÇÃO DO CAMPO LITERÁRIO NO BRASIL, de Enio Passiani. Editora da Universidade do Sagrado Coração/Associação Nacional de Pós-Graduação em Ciências Sociais, 2003.

NOVOS ESTUDOS SOBRE MONTEIRO LOBATO, de Cassiano Nunes. Editora Universidade de Brasília, 1998.

REVISTA DO BRASIL: UM DIAGNÓSTICO PARA A (N)AÇÃO, de Tania Regina de Luca. Editora da Unesp, 1999.

UM JECA NAS VERNISSAGES, de Tadeu Chiarelli. Edusp, 1995.

VOZES DO TEMPO DE LOBATO, de Paulo Dantas (org.). Traço Editora, 1982.

Sítio eletrônico na internet: www.lobato.com.br
(mantido pelos herdeiros do escritor)

*Este livro, composto nas fontes Electra LH, Rotis e Filosofia,
foi impresso em papel pólen soft 80 g/m³ na gráfica Imprensa da Fé.
São Paulo, Brasil, março de 2008.*

Conferenci[a]
Georgismo e Comu[nismo]
América
[Lit]eratura do Minarete
Crônicas [urup]
[I]déias de Jeca Tatu
Mr. Slang
[Ou]tras notas Problema
Zé Brasil **Crônicas**
[Mi]Perê: Resultado de um i[nquérito]
Cart[a]
A Onda Verde
Miscelâne[a]
Ferro
O Presidente N[ixon]
Opiniões Na Antevés[pera]
Voto Secr[eto] Fragmento
Jeca Tatu Prefácio
A Barca de Gley[re]
Macaco que se fez Homem
imposto ún[ico]
NEGRINHA
Entrevistas Cartas Escolh[idas]
[Est]alo do Petróleo Cartas de Amo[r]